Sonja Janssen · Rainer Wenzel

Was weckt den König im Kind?

Vielfältige Entwicklung der Sinne, der Körperwahrnehmung und des Selbstbewusstseins durch kurzweilige Spiele und Lieder

Illustrationen Mile Penava

Ökotopia Verlag, Münster

Impressum

Autorin	Sonja Janssen
Liedermacher	Rainer Wenzel
Lektorinnen	Barbro Garenfeld, Ulrike Burgi
Illustrator	Mile Penava
Projektleitung	Barbro Garenfeld
Notensatz	Ja. Ro. Music Hünstetten
Satz	Hain-Team, Bad Zwischenahn
ISBN	978-3-86702-188-3

1. Auflage

Alle Lieder dieses Buches finden Sie auf der CD von Rainer Wenzel:

Was weckt den König im Kind?

Pfiffige Lieder zum Wachsen, Fühlen und Starkwerden

ISBN 978-3-86702-189-0

Die Texte der Lieder aus diesem Buch sowie **alle Liedtexte sämtlicher Ökotopia-CDs** stehen in unserer Datenbank zum kostenlosen Download bereit: **www.oekotopia-verlag.de/liedertexte**

Inhalt

Wahrnehmungsförderung im Kindergarten

Seit 15 Jahren arbeite ich als Ergotherapeutin in meiner eigenen Praxis. Neben der Ergotherapie gehören Fortbildungen für ErzieherInnen und LehrerInnen, die Prävention, Rehabilitationssport und die Vorschulförderung zu den festen Bestandteilen meines Förderangebots. In den letzten Jahren rückte zusätzlich ein ganz neues Aufgabengebiet in den Vordergrund: Die Arbeit in und mit Kindergärten.

Zunächst stand ich der Wahrnehmungsförderung in Kindergärten sehr skeptisch gegenüber. Der Unterschied zur Praxisarbeit bestand darin, dass ich die Kinder fortan in der Gruppe betreuen sollte und mir die Zusammenarbeit mit den Eltern fast gänzlich fehlte. Wie sollte ich die Kinder gezielt fördern und begleiten, ohne den mir so wichtigen engen Kontakt zum Elternhaus?

Mir war vollkommen klar, dass sich durch diese Vorschulförderung in der Gruppe eine Therapie nicht ersetzen ließ. Dennoch sah ich deutlich den dringenden Handlungsbedarf in den Einrichtungen. Von den KursteilnehmerInnen meiner Fortbildungen hörte ich immer wieder, wie notwendig die begleitende Wahrnehmungsförderung in Kindergärten sei. Immer häufiger wurde mir von Kindern berichtet, die Schwierigkeiten hatten, ihren Körper angemessen zu spüren und wahrzunehmen. Es mangelte an Konzentration und Ausdauer. Bereiche wie das Zuhören, das Hinsehen und Sprechen wurden genauso angeführt wie eine eingeschränkte Bewegungskoordination und Handmotorik.

Natürlich kannte ich diese Problematik und behandelte viele Kinder mit diesen Auffälligkeiten in meiner Praxis. Bei der Arbeit im Kindergarten ging es um kleine Menschen, die aus unterschiedlichen Gründen nicht therapeutisch begleitet werden konnten. Zu diesem Zeitpunkt erhielten Kinder in unserer Region kaum eine Behandlungsverordnung, sodass die Therapie in der Praxis oft unterbrochen werden musste. Andere Eltern fanden den Weg in die Praxis von sich aus nicht. Für mich stand fest: Es musste gehandelt werden, und zwar schnell und effektiv.

So entstand schließlich eine wunderbare Zusammenarbeit mit einem Kindergarten. Seit fünf Jahren arbeite ich nun begleitend in dieser Einrichtung. Drei weitere Kindergärten folgten. Es geht also!

Können wir in den Einrichtungen auch keine Therapie ersetzen, so möchte ich doch behaupten, dass unsere Arbeit sich als sinnvoll erweist und den Kindern einiges mit auf ihren Lebensweg gibt. Wenn ich sehe, wie eifrig die Kinder bei der Sache sind, mit welch leuchtenden Augen sie jede Woche wiederkommen und sich immer mehr zutrauen, dann scheint der Weg der richtige zu sein.

So gehen wir im Kindergarten vor

- Die Kinder treffen sich einmal wöchentlich in Kleingruppen von drei bis sechs TeilnehmerInnen im Motorikraum.
- Zu jeder Stunde ist eine ErzieherIn zugegen, die Ideen in den Gruppenalltag mit allen Kindern der Einrichtung einfließen lässt. Ständige Wiederholungen sind sehr wichtig, denn nur so werden verschiedene Wahrnehmungsvorgänge und Handlungen automatisiert. Die Kinder erfahren, dass viele Dinge auf dieser Welt geübt und wiederholt werden müssen.

Beispiel

Wir lassen die Kinder das Geschirr abwaschen, eine Tätigkeit, die früher in den Kinderalltag gehörte. Damals wurde diese Handlung nicht geübt, aber dennoch oft wiederholt. Und was erfahren die Kinder durch das Abwaschen? Zunächst Freude, etwas Wichtiges zu tun, und Stolz, diese Aufgabe anvertraut zu bekommen. Nebenher aber verarbeitet und differenziert die Haut unglaublich viele Reize. Berührungsreize werden gefiltert, das Wasser und der Schaum müssen vom Geschirr getrennt werden, Temperaturen und Oberflächen werden unterschieden. Die Kinder benutzen beide Hände, wobei die eine Hand stets etwas völlig anderes leisten muss als die andere. Die Finger und Handgelenke müssen sehr gezielt koordiniert und die Kraft dosiert werden. Reihenfolgen werden eingehalten. Beim Einsortieren des Bestecks lernen die Kinder **das Zuordnen und genaue Hinschauen.** Beim Mischen der richtigen Temperatur wird nebenher eine Grundlage für Mathematik gelegt.

Fazit: Ließen wir die Kinder mehr im Haushalt helfen, die kleinen Helfer wären so manches Mal stolz auf ihre Arbeit und fühlten sich ernst genommen. Das Abwaschen gehört für mich zu den besten Vorschulförderungen gleich neben dem Sortieren von Socken, Kleingeld, Besteck- und Schraubenkästen, das Tischdecken und -abwischen, Wäscheaufhängen und vieles mehr. Alltagshandlungen sind tolle Hausaufgaben und werden von den Kindern gerne erledigt, wenn man sie lässt!

- Die Kinder bleiben in der Regel 45 Minuten. Immer wieder geschieht es jedoch, dass ein Kind mehr Zeit benötigt, um sich mit einem Material vertraut zu machen. Für dieses Kind besteht dann die Möglichkeit, in der nächsten Kleingruppe weiterzuarbeiten.

Beispiel

Die Rasierschaumrutsche war im ganzen Raum aufgebaut. Alle Kinder hatten Spaß. Nur Reno stand in sicherer Entfernung und traute sich nicht näher. Ängstlich, aber durchaus interessiert, schaute er erst einmal zu. Schließlich setzte er sich auf ein separat liegendes Stückchen Folie, das ihm von einer Erzieherin angeboten wurde. In sicherer Entfernung zu den anderen Kindern auf seiner eigenen Folie machte er sich langsam mit dem neuen Material vertraut. Leider war die Stunde zu diesem Zeitpunkt beendet, doch Reno erhielt die Möglichkeit, separat auf seiner „Folieninsel" weiterzumatschen und seinen Weg in seinem Tempo zu beschreiten. Stolz und zufrieden hört er nach drei Stunden auf.

- Die Kinder tragen immer nur Badebekleidung und T-Shirt. Ohne großen Aufwand können wir so jederzeit das große Wahrnehmungsorgan Haut einbeziehen.
- Verschiedene Spiele und Materialien, mit denen die Kinder selbst umgehen können, stehen in den Gruppenräumen bereit. So gibt es in einigen Gruppen zum Beispiel eine Massagekiste, selbst gebaute liegende Achten (➜ S. 93, Silberlabyrinth), Eimermonster (➜ S. 50) und so einiges, was Sie in diesem Buch noch kennen lernen werden.
- Einmal monatlich verlegen wir die Stunde in den Gruppenraum. An diesen Vormittagen werden Spiele und Übungen für alle Kindergartenkinder angeboten. Themen wie Haltungsschulung, Kraftaufbau, Kreuzung der Körpermitte oder Handmotorik sind für alle Kinder im Kindergarten wichtig. Auch diese Übungen fließen in den Alltag ein.

Beispiel

Vielen Kindern gelingt das Überkreuzen der Körpermitte nicht. Um dies zu üben, bemalten alle Kinder ihre Hände. Auf die rechte Handfläche und den rechten Handrücken kam ein blaues Kreuz. Die linke Handfläche und der linke Handrücken erhielten einen roten Kreis. Auch die ErzieherInnen bemalten ihre Hände mit Kreuzen und Kreisen. Zunächst wurde in der Einzelsituation, also zwischen ErzieherIn und Kind geübt. Konzentriert übten die Kinder das uralte Überkreuzklatschen, indem sie das Kreuz auf das Kreuz und den Kreis auf den Kreis ihres Gegenübers klatschten. Langsam aber stetig wurden sie sicherer in diesem Spiel.

Dann ging es darum, Kreis oder Kreuz in verschiedenen Situationen abzurufen, z.B. wünschte sich die Spielleitung den Kreis von einem Kind oder die Kinder wünschten sich gegenseitig Kreis oder Kreuz, indem sie sich zuriefen: „Kriege ich ein Kreuz? Kriege ich einen Kreis?"

Nun sollten sie lernen die Kreuzung in jeder Situation abzurufen. Traf eine Erzieherin z.B. im Kindercafé ein Kind, fragte sie: „He Timo, kriege ich ein Kreuz? Kriege ich einen Kreis?" So wurde spontan und in allen möglichen Situationen geklatscht. Bei den Kindern war dieses Spiel recht beliebt, da sie immer wieder die spontane Einzelaufmerksamkeit genossen.

Mit Musik geht alles besser!

Die Musik von Rainer Wenzel ist aus meinen Gruppen nicht mehr wegzudenken, sie ist zur ständigen Begleitung geworden. Zu jedem Thema finde ich ein passendes Lied auf seinen vielen CDs. Ich nutze seine Musik, um Themen einzuführen, Stunden zu beginnen und zu beenden.

Die Kinder lieben seine Lieder und Geschichten, sie hören zu und bewegen sich dazu. Wird die Stunde zu unruhig, zentrieren sich die Kinder sofort beim Einsatz seiner Musik. Insbesondere bei Themen, die Gefühle oder Mut ansprechen, greife ich auf seine Lieder zurück. Aber auch alle anderen Themen werden immer wieder von seiner Musik begleitet. Viele Spiel- und Bewegungsideen, Schwungübungen und Wahrnehmungsangebote sind während meiner Arbeit zu Rainer Wenzels Musik entstanden.

Auf meinen Wunsch hin hat Rainer Wenzel verschiedene Lieder komponiert, die mir im Kindergarten und in der Praxis sehr hilfreich sind. So führe ich die königliche Haltung, die mit Üben und Anstrengungen verbunden ist, mittlerweile spielerisch über das Bewegungslied „Ich bin der König" (➜ S. 10) ein. Die Kinder haben Spaß an den eingängigen Bewegungsliedern und fühlen sich viel schneller sicher in der Gruppe.

Mit diesem Buch möchte ich nicht nur einen Einblick in die Wahrnehmungsförderung im Kindergarten gewähren. Viel mehr geht es uns darum, Ideen und Praxistipps für die Gruppenarbeit aufzuzeigen. Die Spiele und Musik aus den folgenden Kapiteln können jederzeit in der Schule, im Sportverein, im Elternhaus und in der Therapie umgesetzt werden.

Ebenso gehören sie aber auch in den großen Sammelbegriff der Vorschulförderung. Da die Vorschulförderung nicht erst im letzten Jahr vor Schulbeginn startet, bietet der nachfolgende Ideenfundus eine reiche Auswahl an sinnvollen Spielen für alle Kindergartenjahre. Mit einfachen Mitteln werden kleine Menschen an die verschiedenen Wahrnehmungsbereiche herangeführt. Es wird ihnen die Zeit gegeben, sich mit Materialien und wiederkehrenden Übungen vertraut zu machen. Oftmals reicht ein spielerisches Angebot, um die Kinder auf den Weg zu bringen.

Häufig geben wir ein Material vor, begleiten mit wenigen Vorgaben und Worten und lassen die Kinder in ihrem Tempo ausprobieren und ihren Weg beschreiten. Dies bewirkt häufig mehr als ein stumpfes Zeigen und Antrainieren.

Mit meinen Spielideen und der Musik von Rainer Wenzel wird den Kindern die Möglichkeit gegeben, ihre Wahrnehmung spielerisch zu schulen. Sie erfahren ihren Körper und darüber hinaus, mit allen Sinnen den Raum und die Welt. Vertrauen zu sich finden die Kinder dann zumeist von ganz alleine.

Natürlich kommen auch gezielte Spiele und Übungen nicht zu kurz. Im Kapitel „Haltung und Kraftaufbau" (➜ S. 9) steht die Übung im Vordergrund. Wiederholungen sind wichtig, genauso wichtig wie Regeln, Pflichten und Rituale. Gerade in unserer manchmal strukturlosen und überladenen Welt brauchen wir in unseren Stunden „Wiederkehrendes". Gewöhnen sich die Kinder an den Rhythmus dieser Rituale, können sie sich viel leichter in die Gruppen integrieren und in ihnen bestehen.

Für TherapeutInnen und ErzieherInnen, die Wert auf Elternarbeit legen und die Möglichkeit haben, die Eltern mit einzubeziehen, werden Übungen für die häusliche Förderung angeregt. Sie sind an dem Zeichen ⊙ zu erkennen.

Wir wünschen viel Spaß beim Lesen und hoffen auf vielfältige Praxisumsetzung!

Haltung und Kraftaufbau

In meinen Gruppen lege ich immer großen Wert auf Haltungsschulung. So lernen die Kinder in den ersten Stunden die königliche Haltung kennen. Können die Kinder diese schnell einnehmen, erweist sie sich als sehr hilfreich und die Kinder haben für die Förderung der nachfolgenden Kapitel eine viel bessere Ausgangsposition. Sie sind wacher, aufmerksamer, können ihre Augen und Ohren anders einsetzen und Blickkontakt aufnehmen.
In den nachfolgenden Spielen und Liedern sprechen wir von Königen. Aus Erfahrung identifizieren sich die Mädchen genauso mit der Königsfigur wie die Jungen. In meiner jahrelangen Praxis hat nie ein Mädchen nach der Königin gefragt. Für Kinder zählt der innere König und dieser ist nicht geschlechtsspezifisch. Sollte es jedoch einmal vorkommen, dass ein Mädchen nach der Königin verlangt, können Sie gerne auch die Königinnen mit ansprechen. Der Einfachheit halber sprechen wir in diesem Buch von Königen.

Übung zur Eigenkontrolle

Nehmen Sie einmal die Haltung eines Kindes ein, das wenig Körperspannung besitzt. Bei uns heißt diese schlaffe Haltung die „Schlumpfhaltung". Lassen Sie die Knie einknicken, der Rücken krümmt sich leicht, die Schultern und der Kopf hängen.

Stellen Sie sich einmal folgende Fragen:

- Ist mir diese Haltung angenehm oder ermüde ich schnell?
- Kann ich das Gleichgewicht gut halten und auf Unebenheiten und Schubsen reagieren?
- Kann ich überhaupt schnell reagieren?
- Was geschieht mit meinem Blickfeld?
- Sehe ich alles, was um mich herum geschieht?
- Kann ich Blickkontakt halten?
- Kann ich gut aufnehmen, was der andere spricht?
- Sehe ich den Mund und die Lippen meines Gegenübers?
- Wie liegt die Zunge im Mund?
- Kann ich mich so gut konzentrieren?
- Kann ich in dieser Haltung gut Kontakt zu anderen Menschen aufnehmen?
- Kann ich selbstbewusst auftreten?
- Kann ich so uneingeschränkte Freude empfinden?

In gebeugter Haltung fällt es schwer, wirkliche Freude zu empfinden. Ein trauriger Mensch wird kaum eine aufrechte Haltung einnehmen. In der Aufrichtung nehmen wir die Welt um uns herum jedoch eher positiv wahr. Und auch wir werden von unseren Mitmenschen anders wahrgenommen.
Versuchen Sie einmal spontan wirklich traurig zu sein, dann versuchen Sie ganz schnell von Herzen glücklich zu sein und im nächsten Augenblick seien Sie fuchsteufelswild.
Klappt das bei Ihnen auf Knopfdruck? Nicht so einfach – oder? Auf Knopfdruck können wir jedoch unsere Körperhaltung verändern – und oftmals verändert sich die emotionale Stimmung damit auch.

Ich bin der König

Nr. 2

Musik und Text: Rainer Wenzel

Refrain
Ich bin der König aus einem fernen Land,
ich bin der König mit Kraft und auch Verstand.
Ich bin der König mit Schloss und Hof und Thron,
ich bin der König und das frühmorgens schon.

1. Der König geht durchs Schloss
mit königlichem Gang,
mit graden, festen Schritten
den langen Gang entlang.
Er grüßt nach rechts, er grüßt nach links,
verbeugt sich vor der Königin.
Er grüßt nach links, er grüßt nach rechts,
er grüßt nach allen Seiten hin.

Ich bin der König …

2. Auch ein König schläft im Liegen,
auch ein König setzt sich hin,
und wenn wirklich keiner zusieht,
stützt er sich schon mal aufs Kinn.
Und noch dies will ich erwähnen:
Auch ein König muss mal gähnen,
ist mal müde so wie du,
auch ein König geht zur Ruh.

Ich bin der König …

Hinweis

Das Lied vom König beinhaltet, was vielen Kindern fehlt: Bewegung, Körperspannung, Wachheit und Koordination. Die Aufrichtung, das Selbstbewusstsein, diese neue Körperwahrnehmung und Koordination bilden einen spürbaren und erlebbaren Kontrast.

Bewegungsanregungen

- Ich: *auf sich zeigen*
- König: *Hände mit gespreizten Fingern über den Kopf wie eine Krone*
- aus einem fernen Land: *große Geste mit beiden Armen*
- Kraft: *beide Oberarmmuskeln zeigen*
- Verstand: *an den Kopf tippen*
- Schloss und Hof und Thron: *rechte Hand zeigt nach links, beide Hände zeigen nach vorne, linke zeigt nach rechts (kreuzende Bewegungen über die Körpermitte)*
- frühmorgens schon: *Hände nach vorne, Handflächen nach oben*
- er grüßt nach rechts …: *mit beiden Händen in die jeweiligen Richtungen grüßen (kreuzende Bewegungen über die Körpermitte), mit einer Hand, einem Arm eine königlich grüßende Geste*
- alle Seiten: *grüßend einmal um sich selbst drehen.*

1, 2, 3 Königszauberei!

*Das Mitmachlied „Ich bin der König“ (**→ S. 10**) erweist sich als guter Einstieg in die Stunden. Die Kinder machen eifrig mit und haben Spaß an diesem Lied. Sie bewegen sich spontan und werden auf das Folgende eingestimmt.*

Alter: ab 4 Jahre
Förderung: Haltung, Körperspannung
Material: Hocker, 1 kurzes Rundholz (ca. 30 cm lang)

Eine gute Ausgangshaltung können wir nur ganz langsam aufbauen. Wiederholungen sind absolut notwendig.

- Die Kinder stellen sich auf die Hocker.
- Sie werden aufgefordert, ihren Bauch anzuspannen. Da vielen Kindern dies nicht auf Anhieb gelingt, machen wir ein Spiel daraus: „Spannt einmal euren Bauch an – ich gehe herum und pikse hinein. Macht euren Bauch ganz hart und fest, damit ich euch nicht pieksen kann!“
- Nun soll der Popo angespannt werden. „Stellt euch vor, ihr nehmt einen Euro und haltet ihn mit euren Pobacken ganz fest. Ja, drückt mal – wenn ihr ganz fest drückt, dann werden das manchmal zwei Euro.“ *Mit diesem Bild vor Augen gelingt es den meisten Kindern, den Popo anzuspannen. Ist dies nicht der Fall, drücken Sie mit den Händen auf die Pobacken des Kindes.*
- „Wenn ihr jetzt den Euro drückt, dann vergesst nicht, den Bauch zu spannen. Ich gehe herum und pikse in den Bauch.“
  An dieser Stelle schieben viele Kinder ihren Bauch als Kugel nach vorne. Hilfreich ist hier das kurze Rundholz. Halten Sie den Stock direkt an den Bauch des Kindes gedrückt. „Stell dir vor, du hättest diesen Stock verschluckt.“ *Mit dieser Hilfestellung richten die Kinder sich meistens recht unproblematisch auf.*
- Nun muss noch auf die Schultern geachtet werden. Die Schultern werden nach unten gezogen. *Manchen Kindern hilft es, geführt zu werden.*
- Der Kopf wird gerade gerückt. *Ziehen Sie eventuell an einem imaginären Band den Kopf hoch.*
- Haben die Kinder diese Haltung mehrmals erprobt und wiederholt, benutzen wir folgenden Merksatz, der von Marcus, einem kleinen Kursteilnehmer, stammt:

„Bauch spannen, Taler drücken –
Kopf hoch, Schultern rücken!“

Hinweise

- Um die königliche Haltung aufzubauen, braucht es einiges an Übung und Geduld. Über mehrere Stunden beginnen wir immer wieder mit dieser Haltungsschulung.
- Nach einigen Stunden können die Kinder die königliche Haltung ohne Überlegungen einnehmen. Eine gute Ausgangsbasis ist geschaffen.
- Auch wenn es für die Kinder mühsam erscheint, immer wieder die gleiche Haltung zu üben, so beobachte ich doch, dass sie gerne mitmachen. Wiederholungen geben Kindern ein Stück Sicherheit, was insbesondere in neuen Gruppen sehr hilfreich ist.

Achtung

Wichtig ist beim Aufbau der königlichen Haltung, die Atmung der Kinder im Auge zu behalten. Ab und zu müssen die Kinder tatsächlich zum Weiteratmen aufgefordert werden.

Königliche Gymnastik

Damit kleine Könige irgendwann einmal zu großen Königen werden, müssen sie oft trainieren.

Alter: ab 4 Jahre
Förderung: Haltung, Körperspannung, Gleichgewicht
Material: Hocker, Sandsäcke, 1 Kiste
Vorbereitung: Hocker im Kreis aufstellen, die Kiste in die Mitte stellen, Sandsäcke verteilen

Der König besteigt den Thron und nimmt die königliche Haltung ein.

Die Kinder steigen auf ihre Hocker.

Der König setzt die Krone auf.

Die Kinder legen einen Sandsack auf den Kopf.

Der König verbeugt sich und wirft die Krone vom Kopf herunter.

Die Kinder verbeugen sich und der Sandsack fällt auf den Boden.

Der König fängt die Krone beim Verbeugen auf.

Die Kinder verbeugen sich und fangen den Sandsack mit beiden Händen auf.

Königstrick: der König verbeugt sich und die Krone landet direkt im königlichen Kleiderschrank (Kiste in der Mitte des Kreises).

Die Kinder legen sich den Sandsack auf den Kopf und werfen diesen vom Kopf in die Kiste.

Morgen findet das königliche Fußballspiel statt. Der König muss üben.

Die Kinder legen sich einen Sandsack auf den Fuß und zielen ihn mit dem Fuß in die Kiste.

Weitere Spielideen mit dem Sandsack

Die Könige trainieren weiter.

Alter: ab 4 Jahre
Förderung: Haltung, Körperspannung, Gleichgewicht
Material: Hocker, unterschiedlich schwere Sandsäcke, 1 Kiste, 1 Rundholz (ca. 30 cm lang), 1 Klangschale, evtl. Schaukel oder Hängematte, evtl. mit Tee gefüllte Duftsäcke
Vorbereitung: Hocker im Kreis aufstellen, die Kiste in die Mitte stellen, Sandsäcke verteilen

In der Mitte steht eine große Kiste. Auf dem Boden liegen unterschiedlich schwere Sandsäcke. Die Spielleitung macht verschiedene Übungen vor. Die Königskinder machen es ihr nach. Vielleicht hat auch ein kleiner König eine gute Idee und mag sie vormachen.

- Die Kinder stehen auf ihren Hockern. Um die Hocker herum liegen Sandsäcke verteilt. Diese werden vom Kind aufgenommen und auf den Hocker gelegt. „Vorsicht, wer herunterfällt, wird vom Krokodil gebissen."
- Säcke mit unterschiedlichen Füllungmengen gruppieren
- Sandsäcke mit unterschiedlich riechenden Materialien zuordnen
- Sandsäcke auf verschiedene Körperteile, z. B. Arm, Kopf, Ellenbogen, Schulter, Knie, Faust, flache Hand, Fuß legen
- Sandsack auf den Ellenbogen legen, hochwerfen und mit der Hand auffangen
- Die Kinder stehen im Kreis auf dem Hocker. Sie legen ihren Sandsack auf die linke Schulter. Mit der rechten Hand nehmen sie das Säckchen ab und legen es dem rechten Nachbarn auf die linke Schulter. Erklingt die Klangschale, wird die Richtung geändert.

- Die Kinder stehen im Kreis auf ihrem Hocker und versuchen, die Säcke in die Kiste zu werfen. Immer wieder müssen sie die Kraft neu dosieren, da die Säcke unterschiedlich schwer sind.

Variante

Diese Übung kann auch hervorragend von einem Wackelbrett oder einer Hängematte aus geübt werden.

Tipps

- Gelingt es den Kindern nicht, die Spannung zu halten, sollte der kurze Rundstab zur Hilfestellung wieder vor den Bauch gehalten werden.
- Bleiben die Füße der Kinder nicht ruhig stehen, so werden sie mit imaginärem Klebstoff am Boden festgeklebt. Dabei einen kräftigen Druck mit den Händen auf die Füße der Kinder ausüben.

Hinweis

Dieses Spiel kann auch ohne Hocker gespielt werden. Als Ersatz eignen sich Teppichfliesen.

Königlicher Transport

Kleiner König, mit dieser Übung wirst du groß!

Alter: ab 4 Jahre
Förderung: Körperspannung, Haltung, Körperwahrnehmung
Material: 2 Matten; evtl. 1 kleine Plastikschale
Vorbereitung: Zwei Matten bereitlegen

Ein Königskind liegt mit dem Rücken auf der Matte. Am Kopf- und Fußende des Kindes steht jeweils ein Erwachsener. Das Kind spannt den gesamten Körper an. Ganz steif wie ein Brett wird der kleine König von einer Matte auf die andere transportiert.

Variante

Das Kind kann auch als Tablett benutzt werden. Stellen Sie dafür eine kleine Plastikschale auf den Bauch des Kindes. Diese darf nicht herunterfallen. Als Ritual kann das Kind in dieser Haltung von Mama und Papa ins Bett gebracht werden.

⊙ Diese Übung eignet sich auch für zuhause.

Bravo, Herr König!

Diese Kraftübung lässt die Könige ihre Mitte spüren. Da wird der König Ichbinnix ganz schnell zum König Ichbinwer!

Alter: ab 4 Jahre
Förderung: Körperspannung, Haltung, Körperwahrnehmung, Selbstwertgefühl
Material: 4–5 kleine Hocker, 1 Handtuch
Vorbereitung: Vier Hocker nebeneinanderstellen, auf den ersten Hocker ein Handtuch für den Kopf legen

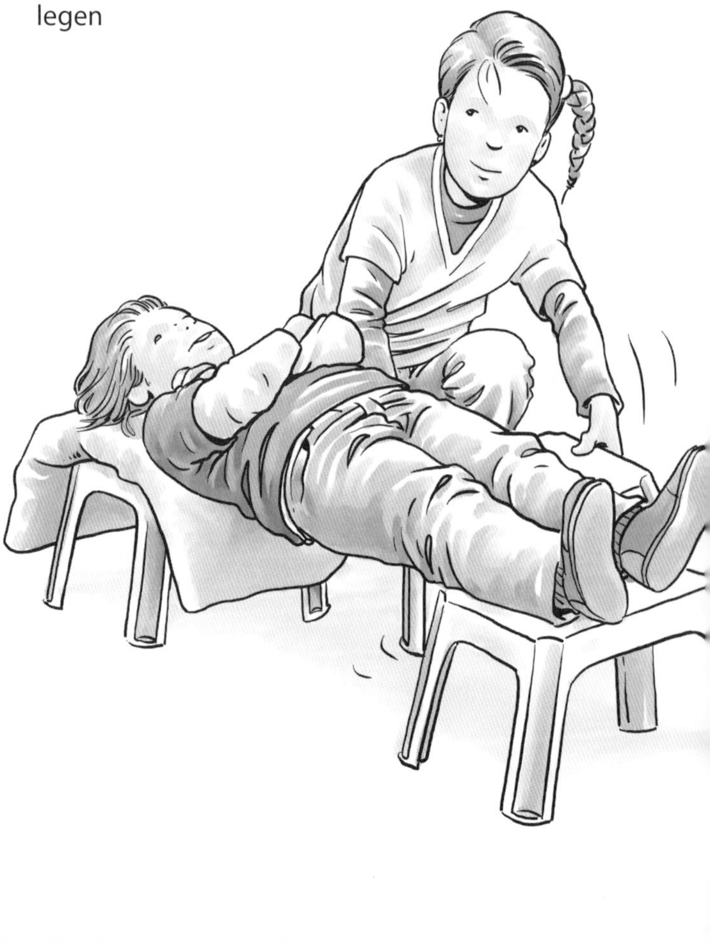

Der kleine König legt sich mit dem Rücken auf die Hocker und bettet seinen Kopf auf das Handtuch. Die Füße liegen auf dem letzten Hocker. Nun geht es los.

- Der König muss seinen Körper fest anspannen.
- Ein anderes Kind zieht einen Hocker zwischen Kopf und Füßen heraus.
- Ein weiteres Kind zieht den nächsten Hocker heraus.
- Der König hält die Spannung und scheint zwischen zwei Hockern zu schweben.

Variante

Spannender wird dieses Spiel, wenn die Hocker vorsichtig auf dem Bauch des fliegenden Kindes gestapelt werden. Ein Applaus der anderen Kinder darf hier nicht fehlen!

Tipp

Die Übung kann auch als Ruhespiel dienen. Durch Blickkontakt signalisiere ich den Kindern, wer gerade an der Reihe ist, einen Hocker herauszuziehen.

⊙ Diese Übung eignet sich auch für zuhause.

Königspower

Auch kleine Könige fühlen sich manchmal schlapp. Gut, dass sie den geheimnisvollen Kraftsprung kennen. Dreimal gemacht und schon sind sie wieder fit.

Alter: ab 4 Jahre
Förderung: Körperspannung, Körperwahrnehmung
Material: –

Der König ist heute schlapp aufgewacht. Gut ist es, wenn er einen Trick kennt, mit dem er ganz schnell neue Kraft holen kann.

- Alle kleinen Könige stehen im Kreis mit leicht gebeugten Beinen fest auf dem Fußboden. Die Hände stützen sie auf ihre Oberschenkel.
- Mit den Armen holen sie sich imaginäre Kraft an den Körper. Sie greifen dazu vor sich in die Luft und holen mehrmals Kraft zu sich. Wem die Kraft nicht reicht, der kann auch etwas vom Nachbarn klauen. Es ist reichlich für alle da!
- „Habt ihr genug Kraft? Dann haltet sie ganz fest. Ich zähle jetzt bis drei und dann springen alle Könige gemeinsam in die Luft, klatschen über dem Kopf und landen wieder genau so, wie sie jetzt stehen. Keiner bewegt sich nach der Landung mehr!"
- Dieser Sprung wird dreimal ausgeführt, dann sind alle Könige wieder mit Kraft versorgt.

⊙ Diese Übung eignet sich auch für zuhause.

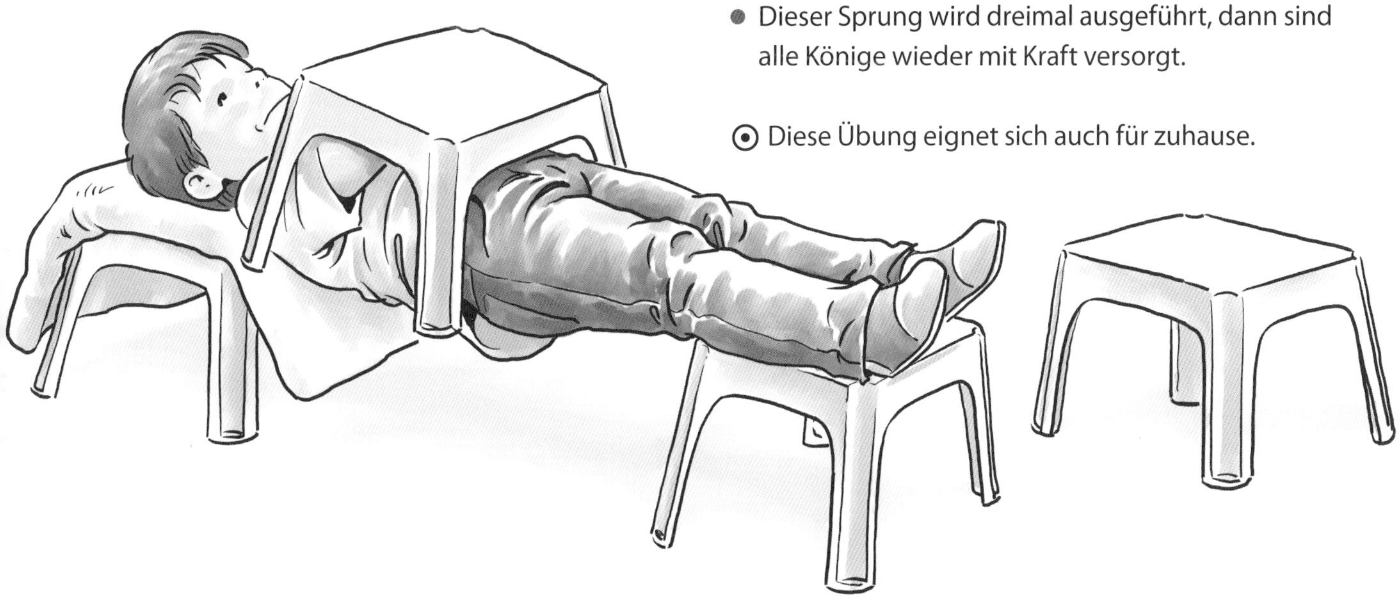

Fahrstuhl

In jedem Palast gibt es natürlich auch einen Fahrstuhl. Aber unser Fahrstuhl ist ein ganz besonderer, er fährt sogar in das königliche Hinterhaus und auf die vordere Terrasse des Palastes.

Alter: ab 4 Jahre
Förderung: Körperwahrnehmung, Körperkoordination, Kraftaufbau
Material: Matte, Stofftier
Vorbereitung: Matte bereitlegen, Stofftiere verteilen

Die Kinder liegen auf dem Rücken auf einer Matte. Zwischen ihre Füße klemmen sie sich ein Stofftier. Die Tiere fahren jetzt nach Anweisungen der ErzieherIn in die verschiedenen Stockwerke:

- 1. Stock: Das Kind hebt das Stofftier mit den Beinen in die Luft.
- 2. Stock: Das Kind geht mit dem Stofftier in die Kerze (Beine hoch, Popo vom Boden abheben).
- Hinterhaus: Das Kind legt das Stofftier mit den Füßen hinter seinem Kopf ab.
- Hochterrasse: Das Kind nimmt das Stofftier mit den Händen hinter seinem Kopf hoch und hebt es mit gestreckten Armen in die Luft.
- Vorderterrasse: Das Kind hebt das Stofftier mit ausgestreckten Armen und geraden Beinen hoch und setzt es zwischen seinen zwei Füßen ab.

Variante
Natürlich kann der Fahrstuhlgast auch von der Vorderterrasse aus in den ersten Stock fahren. Danach geht's dann in den zweiten Stock usw.

⊙ Diese Übung eignet sich auch für zuhause.

Power-Brücke

Die königliche Brücke ist stabil gebaut und kann sich auf geheimnisvolle Weise immer wieder verlängern. Nur kräftige Könige können mitmachen.

Alter: ab 4 Jahre
Förderung: Kraftaufbau, Haltung, Körperwahrnehmung
Material: Langbank oder Hocker, Ball
Vorbereitung: Langbank hinstellen, Ball bereitlegen

- Die Kinder stellen sich nebeneinander in den Liegestütz. Die Füße liegen dabei auf der Langbank.
- Das erste Kind nimmt die Königskugel (Ball) und rollt sie durch die Kinderbrücke, also unter den Bäuchen der Kinder hindurch.
- Ganz schnell verzaubert sich dieses Kind auch in einen Brückenstein und stellt sich in die Liegestützreihe.
- Das letzte Kind der Brücke nimmt den Ball in Empfang und rennt an der Brücke vorbei nach vorne.
- Jetzt darf dieses Kind den Ball durch die Brücke rollen.

Raketenstart

Hat der König es ganz eilig, nimmt er seine hauseigene Rakete. Goldglänzend und superschnell.

Alter: ab 4 Jahre
Förderung: Kraftaufbau, Haltung, Körperwahrnehmung
Material: Hocker

Die Kinder stellen sich in den Liegestütz. Dabei ist es wichtig, dass sie ihren Bauch und Popo anspannen. Die Hände werden fest auf den Hocker gedrückt. Die Spielleitung geht herum und hebt die Kinder an den Beinen hoch. Sind die Kinder gut gespannt, können sie bis in den Handstand gehoben werden. Natürlich landen die Raketen auch ganz angespannt.

⊙ Diese Übung eignet sich auch für zuhause.

Königliche Flugstunde

Manchmal ist der König zu faul zum Laufen. Auch das Auto ist ihm dann nicht schnell genug. Wie gut, dass er den Superflieger hat. Aber Fliegen ist gar nicht so einfach.

Alter: ab 3 Jahre
Förderung: Kraftaufbau, Körperwahrnehmung
Material: Hocker, evtl. Massagestab, große Schwämme, Malerrollen, Pinsel

Die Kinder liegen bäuchlings mit der Körpermitte auf ihrem Hocker. Jetzt heben sie Arme und Beine. Los geht die Fahrt.

- Zunächst fliegen alle Kinder geradeaus.
- Es wird auch mal gelandet und verschnauft.
- Zunehmend werden Rechts- und Linkskurven geflogen.
- Manchmal gibt es Turbulenzen, dann steuern die Kinder schnell von links nach rechts und zurück.
- Auf dem Rollfeld wird eingeparkt. Die Kinder drehen bäuchlings auf ihrem Hocker.

Hinweis
Die Spielleitung motiviert die Kinder, denn das Fliegen ist sehr anstrengend.

Variante
Dieses Spiel wird interessanter, wenn die Flugzeuge zwischendrin mit einem Massagestab aufgetankt werden. Die Flugzeuge können auch gewaschen werden. Große Schwämme, Malerrollen und Pinsel sind dabei hilfreich.

⊙ Diese Übung eignet sich auch für zuhause.

Schubsmonster

Nehmt euch in Acht vor dem Schubsmonster. Es kommt ganz unverhofft und versucht euch umzuschmeißen.

Alter: ab 3 Jahre
Förderung: Kraftaufbau, Körperwahrnehmung, Gleichgewicht
Material: Hocker

Die Kinder sitzen im Kreis auf ihren Hockern. Das erwachsene Schubsmonster geht herum und schubst die Kinder mal von vorne, von der Seite oder von hinten. Die Kinder stellen ihren Körper immer wieder neu ein, damit sie nicht vom Hocker herunterfallen. Wenn die Kinder ihren Körper eingestellt haben, kann das Schubsmonster nach einiger Zeit auch die Füße der Kinder anheben und sie so schubsen.

Tipp
Sobald die Kinder sicherer sind, wird dieses Spiel im Stehen gespielt. Die Spielleitung passt dabei gut auf, dass kein Kind vom Hocker fällt.

Variante
Das Spiel lässt sich gut in den Kindergartenalltag übertragen. Im Flur oder draußen kommt immer mal wieder das Schubsmonster und die Kinder müssen spontan reagieren.

⊙ Diese Übung eignet sich auch für zuhause.

Von Kraftprotzen und Wirbelwinden

Muskulatur und Gleichgewicht

Gemeinsam mit der Haut liefern die Muskulatur und das Gleichgewichtsorgan vielerlei Informationen für die Körperwahrnehmung. Einfließende Reize vonseiten der Muskeln, Sehnen und Gelenke müssen schnell und ausreichend verarbeitet werden. Spezielle Rezeptoren geben uns genaue Auskunft über unsere Muskelspannung und Gelenkstellungen. Über die Tiefenwahrnehmung (Propriozeption) erhalten wir Informationen, wo und in welcher Lage sich bestimmte Körperteile zueinander befinden.

Übung zur Eigenkontrolle

Spüren Sie einmal, welche Informationen die Muskulatur uns zukommen lässt.

- Setzen Sie sich bequem hin.
- Strecken Sie die Hand flach aus und schließen Sie die Augen.
- Vermeiden Sie ab jetzt sämtliche Bewegungen.
- Ihre PartnerIn legt Ihnen nun einen kleinen Gegenstand, z. B. einen Legostein, auf die flache Hand.
- Bitte halten Sie die Hand ganz ruhig und spüren Sie genau nach.
- Was fühlen Sie? Können Sie mit Gewissheit sagen, was sich auf Ihrer Hand befindet?
- Die Antwort wird ein klares „Nein" sein, denn nur über die Informationen der Haut ist es unmöglich, den Gegenstand auf Ihrer flachen Hand zu erkennen.
- Spüren Sie noch etwas länger nach. Ist der Druck auf Ihrer Hand noch genauso stark wie am Anfang? Oder spüren Sie kaum noch, dass sich überhaupt etwas auf Ihrer Hand befindet?
- Jetzt lassen Sie die Augen geschlossen und greifen zu. Blitzschnell wissen Sie, was sich auf Ihrer Hand verborgen hielt.

Die meisten Menschen spüren nach einer gewissen Zeit den Gegenstand auf ihrer Hand nicht mehr. Wenn sie allerdings zugreifen, wissen sie in kürzester Zeit mit Bestimmtheit, was sich in ihrer Hand verbirgt.

Das ist das „Begreifen". Hatten sie vorher nur die Haut zum Spüren zur Verfügung, so schaltet sich beim „Begreifen" die Muskulatur – eben die Tiefe ein. Denken Sie kurz daran, wie der gleich bleibende Reiz auf Ihrer Hand immer schwächer wurde, bis Sie den Gegenstand kaum noch spüren konnten. Eine kleine Bewegung reichte aus, um ein Bild dessen, was sich auf unserer Hand befand, in unserem Kopf vorzustellen. Bewegung gibt uns also Aufschluss über Körper, Begrifflichkeiten, Formen und Material.

Tiefenwahrnehmung

Wie schwierig muss es für ein Kind mit eingeschränkter Verarbeitung der Tiefenwahrnehmung sein, wenn es seinen Körper nicht ausreichend spüren kann! Stillsitzen wird zur Qual. Ein gleich bleibender Reiz – so wie wir ihn gerade erfahren haben beim Stillhalten der Hand – wird uninteressant und nicht mehr ausreichend wahrgenommen.

Ein Kind, das abgeschwächte Informationen über seinen Körper erhält, wird demnach schwerlich ganz still sitzen können. Bewegt das Kind sich nicht, geht folglich das Körpergefühl verloren. Es wird in sich zusammensacken, die Muskelgrundspannung geht verloren und das Kind fällt möglicherweise vom Stuhl.

Andere Kinder bewegen und zappeln aus dem Wunsch heraus, sich spüren zu wollen. Aber dieses Verhalten wird in der Schule nicht akzeptiert.

Reize vonseiten der Muskulatur müssen ausreichend verarbeitet werden, denn so entwickeln wir ein Bewusstsein über unseren Körper. Hierzu benötigen wir eine Vielzahl von Bewegungsangeboten. Kinder müssen Erfahrungen machen dürfen, sich ausprobieren und ausleben können.

Die Tiefenwahrnehmung bildet zusammen mit der Gleichgewichtsverarbeitung und der Oberflächenverarbeitung das Fundament für die Bewegungskoordination und Kraftdosierung. Bewegungen können durch intakte Informationsverarbeitung der Hülle und der Tiefe automatisiert werden und der Körper kann blitzschnell jeder Situation angepasst werden.

Übung zur Eigenkontrolle

Probieren Sie einmal Folgendes aus:

- Stellen Sie sich eine volle, schwere Kiste Wasser vor. Sie steht direkt vor Ihnen.
- Tun Sie so, als wollten Sie diese Kiste hochheben. Wenn Sie die Hände um die imaginäre Kiste legen, dann halten Sie einen Moment inne.
- Spüren Sie bewusst, wie Sie Ihren Körper einsetzen. Was machen die Füße, die Beine, der Po, die Bauchmuskulatur, die Schultern, die Arme, die Hände, der Nacken, der Kopf, die Zunge und die Augen?

- Alles an Ihrem Körper arbeitet ganz automatisch. Vom großen Zeh über den kleinen Finger bis zur Zunge ist Ihnen klar, wie Sie Ihre Muskeln anspannen müssen.
- Der Witz dabei ist, dass vor Ihnen gar keine Kiste steht. Trotzdem weiß Ihr Körper, wie es geht. Diese automatische Planung der Bewegung und der Kraftdosierung ist nur möglich durch eine intakte Tiefenwahrnehmung.

Mit den folgenden Spielen möchten wir Anregungen geben, wie wir die Muskulatur, die Tiefenwahrnehmung und den Gleichgewichtssinn spielerisch schulen können. Um die Balance halten zu können, benötigen wir nicht nur den Gleichgewichtssinn, sondern das automatische Zusammenspiel von Tastsinn, Tiefenwahrnehmung und Sehen. All diese Sinne sollen in unseren Spielen angeregt werden und den Kindern eine Möglichkeit des Ausprobierens geben. So lernen die Kinder ihren Körper, und damit auch ihre Gefühle, kennen und auszubalancieren.

Anregungen für den Alltag

- Übertragen Sie Ihrem Kind „handfeste" Aufgaben, die Krafteinsatz erfordern.
- Beziehen Sie Ihr Kind in die Gartenarbeit mit ein: Steine umschichten, Holz stapeln, Erde umgraben.
- Lassen Sie Ihr Kind die Schubkarre fahren.
- Lassen Sie Ihr Kind Schrägen und verschiedene Untergründe laufen.
- Lassen Sie Ihr Kind im Sand buddeln, buddeln Sie es ein.
- Setzen oder legen Sie Ihr Kind auf eine Decke und ziehen Sie daran.
- Wickeln Sie Ihr Kind in eine Schlafdecke wie in eine Roulade. Rollen Sie es wieder aus.
- Spielen Sie Armdrücken.
- Setzen Sie sich Rücken an Rücken oder nebeneinander in den Vierfüßlerstand und spielen Kräftemessen mit Ihrem Kind.
- Hängen Sie einen Boxsack auf und lassen Sie das Kind boxen.
- Nehmen Sie Ihr Kind auf den Schoß und packen ein Paket aus ihm.
- Massieren Sie Ihr Kind, spielen Sie Massagegeschichten oder Streichelgeschichten auf dem Rücken des Kindes.
- Spielen Sie mit einem großen Fit-Ball Hin-und-herwerfen, Prellen, Schieben.
- Spielen Sie Tauziehen.
- Legen Sie das Kind zwischen zwei Erwachsene und ziehen Sie es an Armen und Beinen lang.

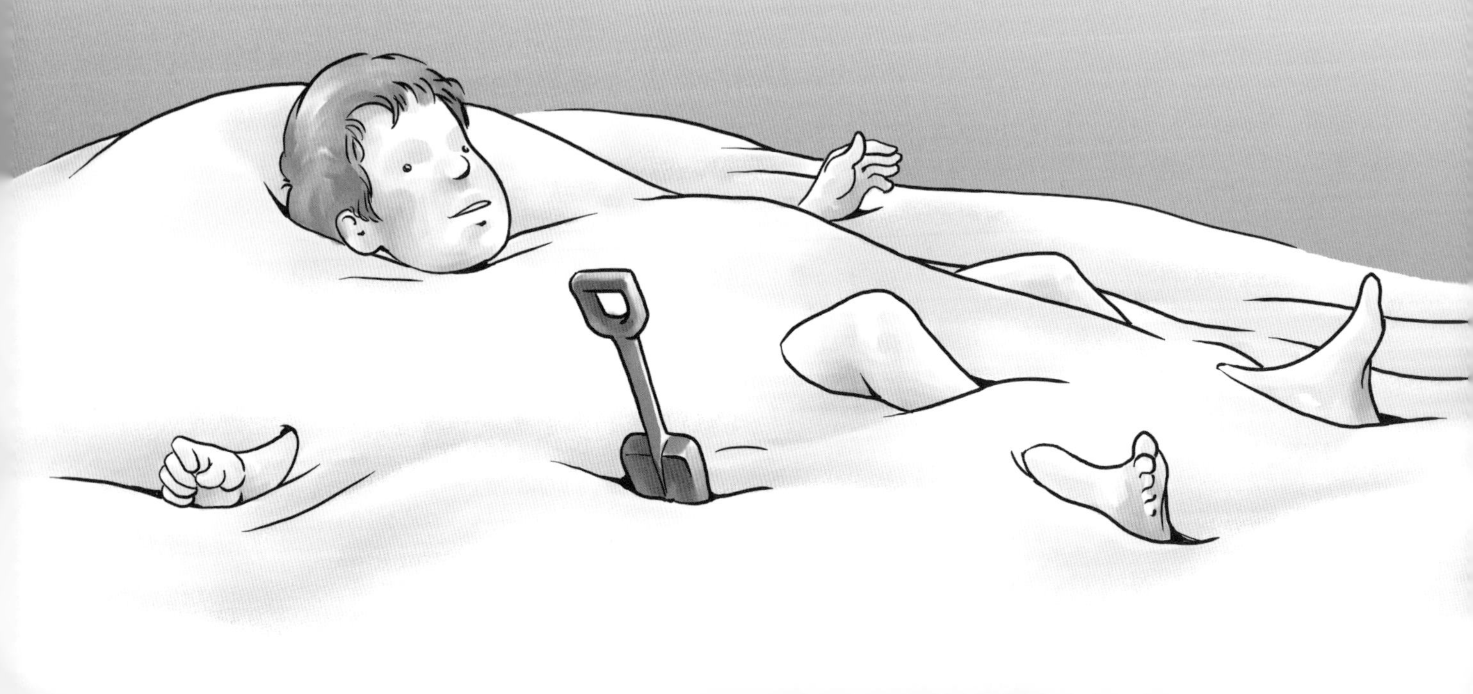

Die Maschine ganz besond're Art

Nr. 9

Musik und Text: Rainer Wenzel

1. So ist das immer beim Arzt im Wartezimmer,
alle sitzen da und schau'n vor sich hin
und ich bin froh,
wenn ich endlich dran bin,
bis dahin ist's noch lange
und manchen wird schon bange.

Refrain
Ich denk' mir was aus und das will ich euch zeigen,
dann pack' ich es aus, alle staunen und schweigen,
dann gibt's kein Halten und es geht an den Start
mit meiner Maschine ganz besond'rer Art.

Bewegungsteil (gesprochen)

Sie fängt an zu zischen	*Zischgeräusch*
und dann zu pfeifen,	*Pfeifen*
alles dreht sich schnell wie ein Reifen.	*mit den Unterarmen umeinander drehen*
Dann beginnt sie zu wackeln	*mit dem Körper wackeln*
und laut zu klappern,	*mit Händen und Füßen Geräusche machen*
und was sie noch kann, ist Stampfen	*mit den Füßen stampfen*
und Zappeln.	*zappeln*
Dann setzt ein ein ganz hohes Singen,	*einen hohen Ton singen*
und manchmal will sie hüpfen	*auf der Stelle hüpfen*
und springen.	*auf der Stelle springen*
Und am Schluss, besonders schön,	
fängt sie an, sich wild zu dreh'n!	*sich auf der Stelle drehen*
Und am Schluss, besonders schön,	*singen*
fängt sie an, sich wild zu dreh'n!	

2. Wenn ich lange sitzen muss,
wenn ich lange warten muss,
wenn ich nicht nach draußen kann,
fängt's bei mir zu kribbeln an.

Ich denk' mir was aus …

3. Wenn ich lange zuhör'n muss,
wenn ich lange still sein muss,
ein Erwachs'ner redet lang,
ich verspür' Bewegungsdrang.

Ich denk' mir was aus …

Königliche Wirbelmaschine

Dieses Spiel wird von dem Lied „Die Maschine ganz besond're Art" (➔ S. 21) begleitet.

Alter: ab 4 Jahre
Förderung: Tiefenwahrnehmung, Gleichgewicht, Höraufmerksamkeit, Rhythmus
Material: CD-Spieler, „Die Maschine ganz besond'rer Art" (CD Nr. 9), Schwungtuch, pro Paar 1 Kissen; evtl. Bälle oder Großbausteine
Vorbereitung: Schwungtuch ausbreiten, Kissen verteilen

Die Kinder bilden Paare und stellen sich einander gegenüber. Ein Kind steht auf dem Schwungtuch, das andere auf dem Fußboden. Jedes Pärchen erhält ein weiches Kissen. Die Musik spielt und die Kinder bewerfen sich mit dem Kissen. Beginnt der Refrain, legen die Kinder das Kissen fort, sind still und lauschen der Musik. Sie werden zu Maschinen und machen die vorgegebenen Bewegungen nach. Wenn sich die Maschine zum Schluss zu drehen beginnt, setzen sich die Kinder auf das Schwungtuch und werden von ihren Partnerkindern gedreht.

Variante
Statt sich den Ball zuzuwerfen, geben die Kinder mit beiden Händen verschiedene Bälle oder Großbausteine weiter.

⊙ Wenn das Kind mit der Mutter/dem Vater zu Hause spielt, kann es beim Kissenwerfen auf dem Bett stehen. Beginnt sich die Maschine zu drehen, springt das Kind auf Mamas oder Papas Arm und wird nach Herzenslust herumgewirbelt.

Herr Peng-Peng

Herr Peng-Peng ist ein guter Freund des Königs. Viele haben Angst vor diesem runden Mann, denn er ist nicht gerade leise und macht merkwürdige Geräusche.

Alter: ab 4 Jahre
Förderung: Tiefenwahrnehmung, Gleichgewicht, Körpergefühl, Ausdauer
Material: pro Kind 1 großer Schlafanzug und ca. 15 Luftballons, Luftballonpumpen, Matten
Vorbereitung: Luftballons aufpusten, Raum mit Matten polstern

Die Kinder ziehen große Schlafanzüge an. Jetzt werden möglichst viele Luftballons in den Anzug gestopft. Dadurch werden die Kinder sehr dick und kugelig.
Ziel des Spieles ist es, die Luftballons ohne Einsatz der Hände zerplatzen zu lassen. Die Kinder können auf die Matten springen, sich an die Wand drücken, herumrollen …

Tipp
Die Kinder lieben es, wenn bei diesem Spiel ein Erinnerungsfoto geschossen wird.

⊙ Kinder, die über ein abgeschwächtes Körpergefühl verfügen, genießen es häufig, auch zuhause mit diesen Anzügen über den Boden zu rollen.

Monsterkloppen

Dieses Spiel kann von den Liedern „Monster Huhuu!" (➜ S. 94) oder „Wir sind die Monsterputzparade" (➜ S. 106) begleitet werden.

Alter: ab 3 Jahre
Förderung: Körperwahrnehmung, Ausdauer, Handmotorik, Reihenfolgen, Tiefenwahrnehmung
Material: pro Kinderpaar 1 großer Papierbogen, Stifte, Klebeband, pro Kind 1 Stück alte Schwimmnudel
Vorbereitung: für jedes Kinderpaar einen Papierbogen auf dem Fußboden mit Klebeband fixieren und darauf die wuschelige Kontur eines Monsters vormalen, Schwimmstangen und Stifte bereitlegen

Die Kinder erhalten jeweils zu zweit ein großes Blatt Papier mit der Kontur eines wuscheligen Monsters. Abwechselnd malen die Kinder jeweils ein Detail in die Kontur, sodass ein schauriges Monster entsteht. Dann geht es darum, das Monster zu erlegen.
Die Kinder setzen sich einander gegenüber, sodass zwischen ihnen das Monster liegt.
Abwechselnd schlagen sie mit ihrer Schwimmnudel auf das Monster ein, bis ihre Kraft nachlässt. „Vorsicht! Trefft das Monster und nicht euren Partner. Nur zusammen könnt ihr das gruselige Ding vor euch erlegen."

Tipp
Dieses Spiel eignet sich gut für die so genannten Montagskinder, um Aggressionen loszuwerden.

Bergwelten

Gerne geht der kleine König in seinen Bergen spazieren. Wenn er nur nicht in die Gletscherspalte fiele …

Alter: ab 3 Jahre
Förderung: Tiefenwahrnehmung, Gleichgewicht, Körpergefühl, soziales Miteinander
Material: Matratzen, Kissen, Matten, PoIstermaterial, Decken, Schwungtuch, Großbausteine, Kriechtunnel (je nachdem, was zur Verfügung steht); evtl. Puzzleteile, Plastikostereier, Leuchtstäbe oder Taschenlampen
Vorbereitung: Die Polstermaterialien durcheinander und übereinander werfen. Die Großbausteine auf oder unter die Matten legen. Falls vorhanden, ein großes Schwungtuch über das Mattenchaos ziehen.

Die Kinder erklimmen den Berg. Sie krabbeln und klettern den wackeligen Hügel hinauf. „Vorsicht, tretet nicht in die Fallen!"

Varianten

- Unter den Bergen werden verschiedene Dinge, z. B. Ostereier (zu Ostern) oder Puzzleteile versteckt. Die Kinder sollen diese suchen. Hierzu müssen sie die Matten mit ihrer eigenen Körperkraft anheben.
- Die Kinder suchen im Dunkeln mit einer Taschenlampe oder einem Leuchtstab nach den Schätzen.
- Die Kinder suchen sich gegenseitig in den Matten.
- Die Kinder verstecken sich, und die Spielleitung oder die Eltern suchen sie.
- Aus dem vorhandenen Material bauen sich die Kinder Höhlen in den Berg.

Königlicher Obstsalat

Der kleine König isst liebend gerne Obstsalat. Also machen wir mal welchen.

Alter: ab 4 Jahre
Förderung: Tiefenwahrnehmung, Höraufmerksamkeit
Material: Matratzen, Kissen, Matten, Polstermaterial, Decken, Großbausteine, kleine Kästen (je nachdem, was zur Verfügung steht)
Vorbereitung: Berg mit Großbausteinen, Matten, Decken, Kissen stapeln, evtl. Schwungtuch darüber ziehen, kleine Kästen um den Berg herum aufstellen

Die kleinen Könige stehen um den Mattenberg herum auf den Kästen. Jedem wird eine Obstsorte zugeordnet.
Ein Kind oder die Spielleitung ist der Ameisenbär. Dieser ruft eine Obstsorte. Das Kind, dessen Obstsorte genannt wurde, springt in den Mattenhaufen. Während der Ameisenbär die nächste Obstsorte ruft und das nächste Kind in die Matten springt, krabbelt das erste wieder heraus. Es entsteht ein ziemliches Durcheinander, bei dem alle gut aufpassen müssen. Ruft der Ameisenbär „Obstsalat", springen alle Obstsorten in den Haufen.
Natürlich läuft dem Ameisenbär beim Anblick des Obstsalates das Wasser im Munde zusammen. Er zählt langsam mit geschlossenen Augen bis 10. In dieser Zeit verstecken sich die Kinder schnell unter den Matten und sind ganz ruhig. Dann beginnt er zu suchen. Mal sehen, welches Kind der Ameisenbär zuerst findet.

Tipp

Spielen sehr viele Kinder mit, können auch drei bis vier Kinder denselben Obstnamen tragen.

Varianten

- Die Kinder springen auf Blickkontakt. Wird ein Kind angeschaut, darf es springen.
- Die Kinder springen auf ein akustisches Signal oder auf ein Signalwort hin.
- Die Kinder sitzen mit geschlossenen Augen in der Mitte des Materialhaufens. Die Spielleitung klopft auf einen kleinen Kasten. Die Kinder zeigen, auf welchen Kasten geklopft wurde. Wer es weiß, darf auf den nächsten Kasten klopfen.

Pinsel, Pinsel in der Hand

Auch kleine Könige können zaubern. Probiert es einmal aus.

Alter: ab 4 Jahre
Förderung: Körperwahrnehmung
Material: Hocker, bunte Federn, Strohhalme
Vorbereitung: pro Paar in das Ende eines Strohhalms vier bunte Federn stecken

Die Kinder bilden Paare. Jeweils zwei Kinder erhalten zusammen einen Strohhalm, in dessen Ende vier bunte Federn gesteckt wurden.
Ein Kind steht auf dem Hocker. Das andere Kind geht um das „Hockerkind" herum und sagt: „Pinsel, Pinsel in der Hand, ganz schnell bist du angespannt." Dann zeigt es mit dem Federstab auf einen Körperteil des Partners. Nur dieser Körperteil soll dann vom Kind angespannt werden. Danach werden die Rollen gewechselt.

Variante
Es kann auch ohne Hocker gespielt werden.

⊙ Dieses Spiel eignet sich gut für zuhause.

Deckenrennen

Dieses Spiel macht den kleinen Königen viel Spaß. Hoffentlich können alle das Gleichgewicht halten und fallen nicht in den Fluss.

Alter: ab 4 Jahre
Förderung: Tiefenwahrnehmung, Gleichgewicht, beidhändiges Arbeiten
Material: pro Paar 2 Decken und 1 langes Seil (ca. 3–5 m)

Die Königskinder sitzen sich in einer Entfernung von mindestens drei Metern auf ihren Decken gegenüber. Zwischen ihnen liegt ein langes Seil. Die Kinder ziehen sich mithilfe des Seiles zueinander hin. Sie achten darauf, auf der Decke zu bleiben, sonst fallen sie in den wilden Fluss!

Hinweis
Darauf achten, dass die Paare gewichts- und kräftemäßig zueinander passen.

Herr Maulwurf hat Hunger

Im königlichen Garten leben einige hungrige Maulwürfe. Besonders gerne mampfen sie die königlichen Leuchtwürmer.

Alter: ab 3 Jahre
Förderung: Tiefenwahrnehmung, Bewegungsplanung, Gleichgewicht, visuelle Wahrnehmung
Material: Kriechtunnel, Decken, Großbausteine oder Kissen, Knicklichter (bzw. farbige Strohhalme oder Leuchtsterne aus Plastik), Taschenlampe
Vorbereitung: Kriechtunnel aufbauen und mit Kissen, Decken und Großbausteinen ausstopfen, Knicklichter im Polstermaterial verstecken, Zimmer abdunkeln

Die Kinder spielen Maulwürfe und kriechen durch einen Tunnel. Bei jeder neuen Runde wird ein Kissen mehr in den Kriechtunnel gelegt. Zum Schluss müssen die Kinder sich durch den Tunnel quetschen. Das ist gar nicht so einfach und macht ziemlich hungrig. Aber zum Glück gibt es im Königsgarten ganz leckere, leuchtende Regenwürmer. Die mögen die Maulwürfe besonders gerne. Die Kinder krabbeln los und suchen im Tunnellabyrinth nach Knicklichtern.

Tipp
Zur Sicherheit liegt eine Taschenlampe bereit. Die Kinder müssen wissen, dass sie jederzeit auf Hilferuf Licht bekommen können.

Achtung
Lassen Sie die Kinder niemals unbeaufsichtigt mit den Leuchtstäben spielen. Weisen Sie sie darauf hin, dass sie die Leuchtstäbe nicht in den Mund nehmen und nicht zerbrechen dürfen!

Praxistipp: Knicklichter
Knicklichter hören nach einiger Zeit auf zu leuchten. Trotzdem können sie gut weiter verwendet werden. Kinder lieben es, mit den Stäben auf dem Fußboden weiträumig zu bauen. Es kann vor und nachgebaut werden. Häufig werden Knicklichter mit dazu gehörigem Steckmaterial geliefert. So können die Kinder dreidimensional bauen, z. B. Kreise stecken, durch die sie hindurch steigen, Straßen bauen, über die sie laufen können oder die mit Spielzeugautos befahren werden.
In etwas Knetgummi oder Ton gesteckt werden die Stäbe zum Stehen gebracht. Gebogen werden sie zu Toren, durch die die Kinder Murmeln spielen.
Da ich viel mit Knicklichtern arbeite, besitze ich mittlerweile einen großen Karton mit Stäben, Steckrädern und Zubehör. Die Kinder sind auch ohne konkrete Vorgaben sehr kreativ und es stört sie kaum, dass die Stäbe ihre Leuchtkraft verloren haben. Natürlich ist weiterhin Vorsicht geboten!

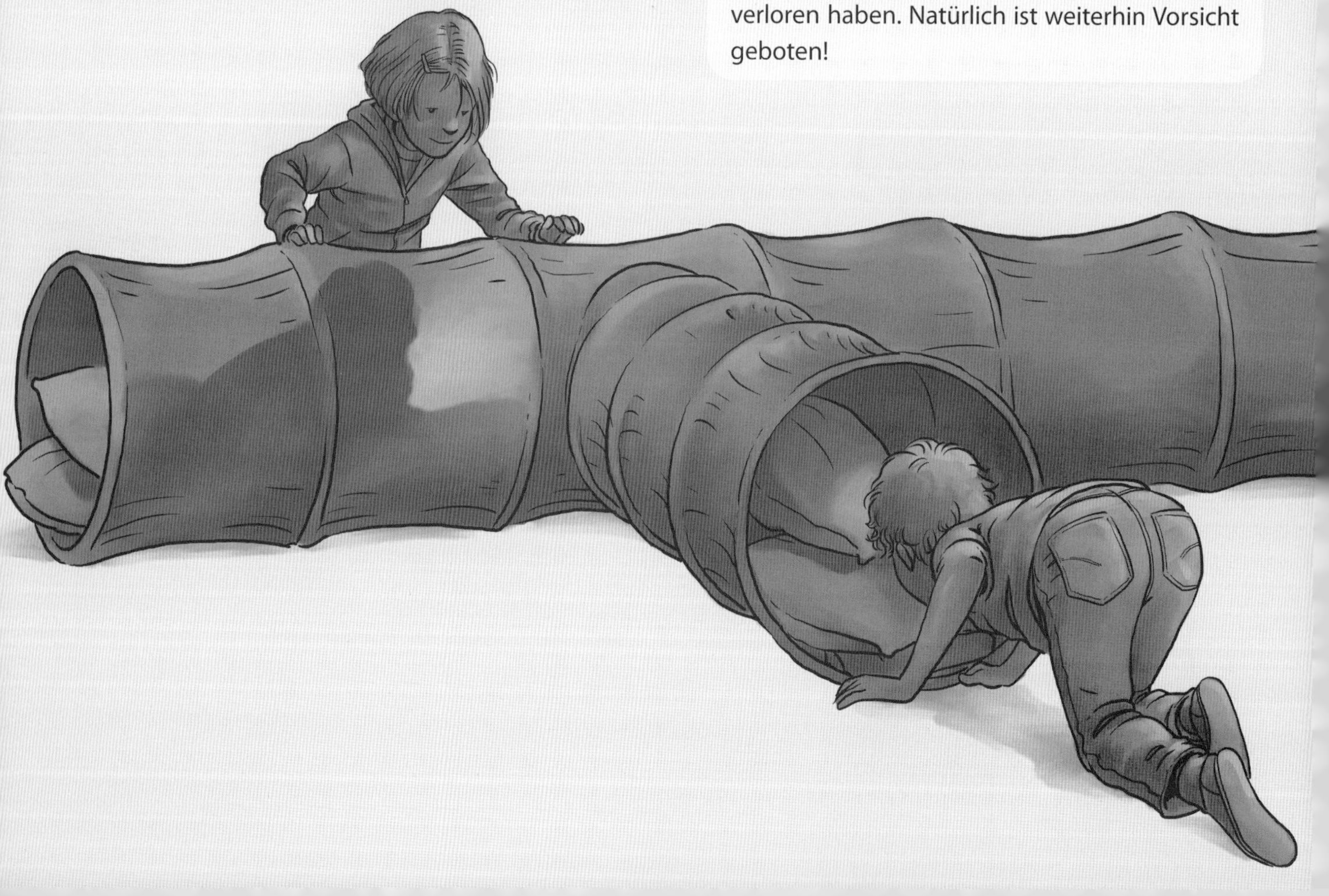

Wilde Hilde aus Roskilde

Nr. 16

Musik und Text: Rainer Wenzel

Intro
Unser Schiff heißt Wilde Hilde
und wir kommen aus Roskilde,
auf unserm Schiff, da ist was los. (2×)

„Wir machen nun eine besondere Führung durch das Schiff. Gleich werdet ihr sehen und hören, wen und was wir so dabei haben."

1. Zuerst einmal der Kapitän,
da könnt ihr ihn schon kommen seh'n.
„Ahoi! Alle Mann an Bord!" (Wdh. alle)

2. Dann ist da die Piratenschar
mit Säbeln, Ohrring, wildem Haar.
Wildes Gemurmel (Wdh. alle)

Refrain
Und die Wellen tanzen
ram di di dai dam,
ram di di dai dam du dai. (2×)

3. Im Mastkorb droben hält die Wacht
ein mut'ger Kerl bei Tag und Nacht.
„Land in Sicht!" (Wdh. alle)

4. Die Kerle trinken Rum aus Fässern,
danach geht's ihnen aber auch nicht besser!
„Schlürf! Hicks!" (Wdh. alle)

Und die Wellen …

5. Nur einer weiß genau den Platz
der großen Kiste mit dem Schatz.
Knarren. „Oh!" (Wdh. alle)

6. Der Papagei, das bunte Vieh,
krächzt ohne jede Melodie.
„Lora! Lora!" (Wdh. alle)

Und die Wellen …

7. Der Steuermann mit festem Griff
lenkt unser Schiff um jedes Riff.
Lenken. „Hui! Hui!" (Wdh. alle)

8. In die Segel pfeift der Wind,
dann weiß man, dass ein Sturm beginnt.
Hände vor Mund, fest pusten (Wdh. alle)

Und die Wellen …

Tipp
Lassen Sie die Kinder während des Refrains mit beiden Händen vor dem Körper Wellenbewegungen machen.

Auf geht's, Wilde Hilde!

Auch Königskinder spielen gerne Piraten. Also, an die Ruder, fertig, los. Dieses Spiel wird von dem Lied „Wilde Hilde aus Roskilde" (→ S. 29) begleitet.

Alter: ab 3 Jahre
Förderung: Höraufmerksamkeit, Körperkoordination, Gleichgewichtsverarbeitung, Körperanpassung, Rhythmus, Kraftdosierung

Material: 1 Turnmatte, 3 Gymnastikreifen, CD-Spieler, „Wilde Hilde aus Roskilde " (CD Nr. 16)
Vorbereitung: Die Turnmatte längs zu einem Halbkreis wölben und die drei Gymnastikreifen über die Matte ziehen, sodass ein Boot entsteht, das schaukeln kann. Zwei Reifen hierzu an den Enden der Matte platzieren, einen Reifen mittig setzen, damit das Boot Stabilität bekommt.

Die Kinder sitzen hintereinander im Schneidersitz in ihrem Boot.

Intro	
Unser Schiff heißt Wilde Hilde und wir kommen aus Roskilde, auf unserm Schiff, da ist was los. (2×)	*Im Takt schaukeln. Wer mag, singt mit.*
1. Zuerst einmal der Kapitän, da könnt ihr ihn schon kommen seh'n.	*Nicht mehr schaukeln, mit dem Zeigefinger nach rechts zeigen. „Ahoi! Alle Mann an Bord!" (Wdh. alle)*
2. Dann ist da die Piratenschar mit Säbeln, Ohrring, wildem Haar.	*Mit einem imaginären Säbel kämpfen, auf ein Ohr zeigen und sich das Haar wuscheln. Wildes Gemurmel (Wdh. alle)*

Refrain Und die Wellen tanzen ram di di dai dam, ram di di dai dam du dai. (2 ×)	 *Boot mit viel Körpereinsatz schaukeln. Wer mag, singt mit.*
3. Im Mastkorb droben hält die Wacht ein mut'ger Kerl bei Tag und Nacht.	*Kinder stehen vorsichtig, aber schnell auf und stehen in ihrem Boot. Sie zeigen auf den Mast. „Land in Sicht!" (Wdh. alle)*
4. Die Kerle trinken Rum aus Fässern, danach geht's ihnen aber auch nicht besser!	*Kinder setzen sich schnell wieder in den Schneidersitz, trinken aus imaginären Krügen. „Schlürf! Hicks!" (Wdh. alle)*
Und die Wellen …	*Boot mit viel Körpereinsatz schaukeln. Wer mag, singt mit.*
5. Nur einer weiß genau den Platz der großen Kiste mit dem Schatz.	*Mit ausgestreckter Hand nach links zeigen.* *Knarren. „Oh!" (Wdh. alle)*
6. Der Papagei, das bunte Vieh, krächzt ohne jede Melodie.	*Einen Arm ausstrecken und mit der Hand den Schnabel nachstellen und bewegen. „Lora! Lora!" (Wdh. alle)*
Und die Wellen …	*Boot mit viel Körpereinsatz schaukeln. Wer mag, singt mit.*
7. Der Steuermann mit festem Griff lenkt unser Schiff um jedes Riff.	*Mit viel Körpereinsatz von links nach rechts und andersherum lenken.* *Lenken. „Hui! Hui!" (Wdh. alle)*
8. In die Segel pfeift der Wind, dann weiß man, dass ein Sturm beginnt.	*Hände vor den Mund und fest in beide Richtungen pusten.*
Und die Wellen …	*Boot mit viel Körpereinsatz schaukeln. Wer mag, singt mit.*

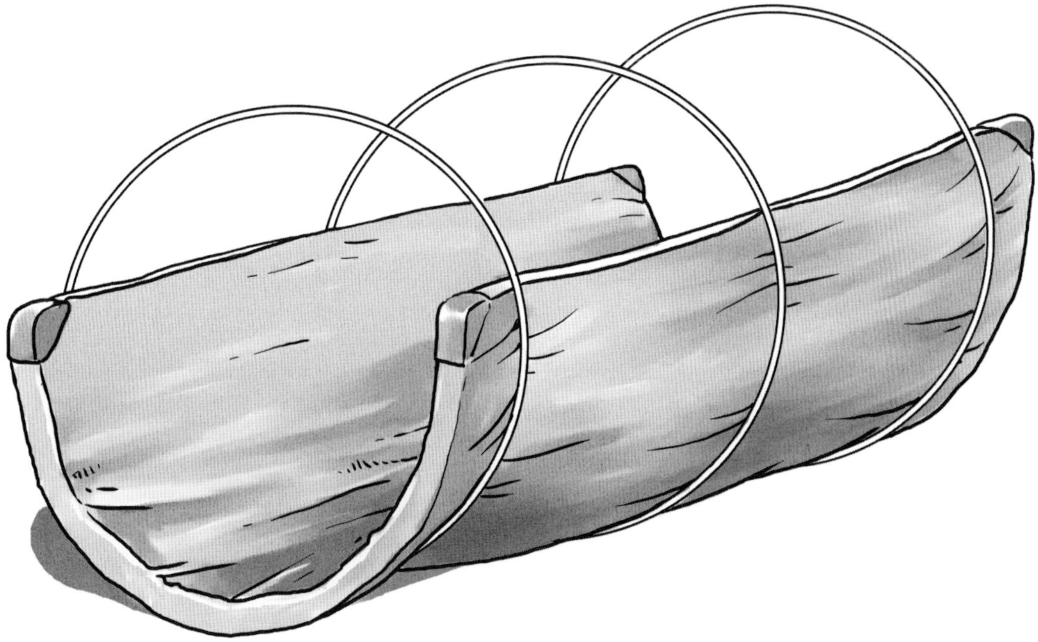

Die Wilde Hilde sticht in See

Im Königreich gibt es einen wilden Fluss. Mit der Wilden Hilde ist das für die Königskinder ein Klacks!

Alter: ab 3 Jahre
Förderung: Tiefenwahrnehmung, Körperanpassung, beidhändiges Arbeiten
Material: 1 langes Seil (3–4 m), Decken oder Rollbretter
Vorbereitung: Das lange Seil quer durch den Raum spannen

Die mutigen Königskinder sitzen auf einer Decke oder auf einem Rollbrett und ziehen sich am Seil entlang über den Fluss. „Passt auf, dass ihr nicht über Bord geht!"
Verschiedene Positionen können eingenommen werden:

- Wer kann im Kniestand den Fluss überqueren?
- Wer kann im Schneidersitz den Fluss überqueren?
- Wer schwimmt auf dem Bauch rüber?
- Wer schafft die Flussüberquerung auf dem Rücken?

Tonschlacht

Wer ein echter Pirat sein will, braucht viel Kraft. Mit dieser matschigen Angelegenheit macht das Krafttraining richtig Spaß! Also, ihr Königskinder, jetzt werden die Hände schmutzig.

Alter: ab 3 Jahre
Förderung: Tiefenwahrnehmung, Körperwahrnehmung, Gleichgewicht, taktile Wahrnehmung, Körperanpassung, Handkraft, beidhändiges Arbeiten
Material: pro Kind 1 Hocker und 1 Stück Ton, Handtücher, Badebekleidung
Vorbereitung: alle Hocker in einem Kreis aufstellen, Ton in Stücke reißen, Handtücher bereitlegen

- Die Kinder stehen auf ihren Hockern.
- Vor jedem Hocker liegt ein großes Stück Ton auf dem Fußboden.
- Die Kinder werden aufgefordert, den Ton vom Fußboden zu heben. Dabei dürfen sie den Hocker nicht verlassen.
- Die Kinder heben den Klumpen Ton mit gestreckten Armen über den Kopf und halten ihn hier kurz.
- Alle zählen gemeinsam bis drei und werfen den Klumpen mit einem lauten „Platsch" auf den Fußboden.
- Alle Kinder steigen vom Hocker und nehmen den Ton erneut auf. Das klingt einfacher, als es ist, denn der Ton haftet jetzt am Fußboden. Beide Hände und viel Kraft werden benötigt.

Variante
Es kann auch ohne Hocker gespielt werden.

Vulkankinder

Auch Königskinder explodieren manchmal!

Alter: ab 3 Jahre
Förderung: Tiefenwahrnehmung, taktile Wahrnehmung
Material: Decke
Vorbereitung: Matten auslegen, Decke darauf ausbreiten

- Das Vulkankind kniet sich auf die Decke und macht sich möglichst klein.
- Die anderen Kinder stehen um die Decke herum verteilt.
- Sie heben die Ecken der Decke hoch und wickeln das Vulkankind sehr eng ein.
- Die Kinder zählen rückwärts von Zehn bis Null.
- Dabei bewegen sie die Decke zunächst behutsam, dann immer heftiger hin und her.
- Der Vulkan beginnt zu rumpeln und zu pumpeln!
- Bei Null versucht das Vulkankind, der Decke zu entkommen.

Natürlich kann dem Vulkankind auch jemand zur Seite stehen. Dieser hilft von außen mit, reicht dem Kind die Hände und zieht es hinaus. Manchmal ist so ein „Rettungsseil" sehr hilfreich.

Variante für Jüngere
Der Vulkan, sprich die Decke, wird beim Zählen angehoben. Beim Ausbruch sollte die Decke mit dem Kind wieder den Boden berühren.

Achtung
Wenn Kinder die Enge nicht ertragen, wird die Decke ganz sachte gewickelt.

⊙ Dieses Spiel eignet sich gut für zuhause.

Von Klebemonstern und anderen Wesen

Wahrnehmungsorgan Haut

Die Haut ist unser größtes Wahrnehmungsorgan, wir sind ganz eingeschlossen in diese Hülle. Deshalb ist es auch so wichtig, dass wir uns möglichst wohl in ihr fühlen. Über die Haut empfinden, spüren und nehmen wir wahr. Sie ist unsere Körperbegrenzung nach außen und wir grenzen uns über die Haut ab. Jede Sekunde nehmen wir eine Vielzahl von ganz unterschiedlichen taktilen Reizen wahr und verarbeiten sie in unserem Gehirn. Hierzu gehören Berührungsreize, Temperaturen, Schmerzen, Druck und Vibration. Dies geschieht ganz automatisch und kann nicht bewusst unterbrochen werden. Fühlen wir uns wohl in unserer Haut und werden Reize ausreichend lokalisiert, differenziert und gefiltert, so denkt keiner von uns über diese enorme Verarbeitungsleistung nach.

Versetzen Sie sich einmal in folgende Situation. Sie sitzen in einem wichtigen Vortrag und möchten zuhören. An ihrem rechten Arm juckt ein Mückenstich. Können Sie sich gut konzentrieren? Nein. Ein Teil ihrer Aufmerksamkeit wird vermutlich Ihrer Haut gehören! Jetzt können Sie sicher viel besser nachvollziehen, wie es einem von Neurodermitis geplagten Kind gehen muss oder einem Kind mit taktil eingeschränkter Wahrnehmung. Aufgrund seiner Disposition benötigt es viel mehr Energie als andere Kinder. Es wird sich nicht wohlfühlen in seiner Haut und ein Teil seiner Aufmerksamkeit gehört permanent seiner Hülle. Kraft geht verloren. Über den Zusammenhang zwischen Haut und Konzentrationsleistungen müssen wir an dieser Stelle nicht mehr reden.

Jeder Mensch erfährt erste soziale Kontakte vor allem durch taktile Wahrnehmung. Schon vor der Geburt kommunizieren Mutter und Kind über die Haut. Der Fötus stößt mit zunehmendem Wachstum immer häufiger an die Uteruswand. Die Mutter reagiert, streichelt den Bauch und spricht mit dem Ungeborenen. Diese dem Säugling entgegengebrachten Berührungen sind die Basis für ein gesundes Miteinander. Sie bilden das Fundament für Urvertrauen und emotionale Bindungsfähigkeit. Sie finden ihre Fortsetzung im Stillen, Baden, Streicheln, Anziehen, Wickeln und Füttern. Ohne liebevolle Berührungen sind diese Handlungen kaum denkbar.

Doch nicht nur an den Händen ist die genaue Lokalisation und Differenzierungsleistung der Haut von großer Bedeutung. Deshalb ist es nur sinnvoll, dass sich unsere Spielangebote auf den gesamten Körper beziehen. In unseren Spielen wenden wir uns bewusst unserer Haut zu und fördern damit ganz automatisch das Körpergefühl. In einer Zeit, in der die Fernsinne, insbesondere Auge und Ohr, ständig mit Futter versorgt werden, gibt es zunehmend Kinder, die ihre Hülle nicht ausreichend spüren.

Praxistipp

In meinen Kindergartengruppen erscheinen die Kinder immer in Badehose und T-Shirt. In der Praxis haben die Kinder ein Handtuch und Badesachen im Gepäck. Eine Leihkiste mit Badeanzügen und Badehosen steht bereit. Es vergeht kaum eine Stunde, in der ich die Haut nicht einbeziehe. Viele Förderschwerpunkte der nachfolgenden Kapitel (Kreuzen, Hören, Sehen, Handmotorik) können hervorragend über die Haut angebahnt werden.

Anregungen für den Alltag

- Erzählen Sie Ihrem Kind Streichelgeschichten.
- Spielen Sie Fingerspiele und Kniereiterverse.
- Geben Sie dem Kind einen Cremetopf und lassen Sie es sich eincremen. Ein großes Handtuch oder eine Folie wird untergelegt und der Spaß kann beginnen.
- Lassen Sie Ihr Kind in der Badewanne mit Schaum oder Badewannenfarben spielen.
- Lassen Sie Ihr Kind mit einem Stück Seife spielen, spielen Sie Seifenglitschen.
- Rubbeln Sie Ihr Kind nach dem Baden mit einem Handtuch ab.
- Lassen Sie Ihr Kind kneten.
- Lassen Sie Ihr Kind mit Fingerfarben malen und matschen.
- Bieten Sie kleine Bastelarbeiten mit Kleister oder Pappmaschee an. Lassen Sie Ihr Kind ausprobieren, nicht das Ergebnis ist entscheidend, sondern der Weg dorthin.
- Geben Sie Rasierschaum auf einen Tisch oder eine Folie. Die Kinder malen, schieben und cremen mit dem Schaum.
- Lassen Sie die Kinder sich gegenseitig in Blätterhaufen einbuddeln, hineinspringen und die Blätter in die Luft werfen.
- Lassen Sie die Kinder Steine, Kastanien oder Eicheln in einem Blätterhaufen oder einer Kiste mit Stroh erfühlen.
- Lassen Sie Ihr Kind spülen und abtrocknen.
- Lassen Sie Ihr Kind in der Küche helfen, z.B. Gemüse schneiden, Teig oder Frikadellen zubereiten.
- Lassen Sie Ihr Kind im Garten helfen.
- Pflanzen Sie gemeinsam Blumen um.
- Beziehen Sie Ihr Kind bei der Hausarbeit mit ein, lassen Sie es putzen und den Tisch abwischen, Schuhe putzen.
- Befühlen Sie mit ihm Dinge in der Natur, Holzstückchen, Baumrinde, Steine, Blätter, verschiedene Oberflächen.
- Lassen Sie Ihr Kind viel barfuß laufen.
- Lassen Sie Ihr Kind im Sand spielen. Wasser darf nicht fehlen!
- Kitzeln Sie Ihr Kind mit einer Feder, einem Pinsel, Watte.
- Sammeln Sie Naturmaterialen (Kastanien, Eicheln, Zapfen) und lassen Sie Ihr Kind damit spielen. Steine lassen sich toll bemalen, Rosenblätter können in Wasser ausgedrückt werden und es entsteht duftendes rotes Wasser.
- Füllen Sie eine Wanne mit Kastanien, Kelle und Papprolle; eine Schüssel und ein kleiner Lastwagen sind gute Spielergänzungen.
- Lassen Sie Ihr Kind mit Wasser experimentieren und Temperaturunterschiede erfahren.
- Pfützen gehören in ein Kinderleben!
- Auch das Essen muss bis zu einem gewissen Alter hier und da mal angefasst werden.
- Wickeln Sie Ihr Kind in verschiedene Tücher und Decken.

Freie taktile Angebote

Häufig ist es sinnvoll, die Kinder zunächst mit einem Material selbst umgehen zu lassen, damit sie in ihrem Tempo Erfahrungen sammeln. Die Kinder entwickeln zumeist eigene kreative Einfälle, die sie ausleben wollen. Wir Erwachsenen nehmen dann die uns oft schwer fallende Rolle des Abwartens und Zurücknehmens ein. Begleitend kann hier und da eine Anregung gegeben werden.

Manchmal scheinen die Kinder sinnlos mit Material umzugehen. Doch der Schein trügt. Unser Leitspruch „Nur gespielt – und doch gelernt“ greift hier immer wieder.

Weitere Ideen

- Planschbecken mit Styroporchips
- Ton und Wasser
- Plastikwanne mit Silikonperlen
- Fußsprudelbad und Spülmittel, dazu ein Planschbecken, Fliegenklatschen, um den Schaum in die Luft zu werfen
- Plastikwanne gefüllt mit Wackelpudding, dazu Murmeln, Becher, Kellen
- Siloplane, Schwämme und Rasiercreme
- Planschbecken mit geschreddertem Papier
- große Pappunterlagen und Fingerfarben
- Kleister mit Fingerfarben
- Körperfarben auf Folie, dazu Malerrollen
- Silofolie und Körperlotion
- Silofolie und Rasierschaum
- Blätterhaufen
- Wanne voller großer Bohnen oder Kastanien
- Erbsen, Reis, Raps, Linsen
- Malerrollen, Pinsel, Massagegeräte, Federboa, Massagehandschuhe
- (gefärbter) Quark

Kaakuuri, der Zaubervogel

Nr. 10

Musik: traditionell aus Lappland | Text: Rainer Wenzel

Kaakuuri kommt zu Besuch

Den Kaakuuri (Betonung auf der ersten Silbe) gibt es wirklich. Der Entenvogel kommt im hohen Norden vor und ist an seinem heiseren Schrei zu erkennen. Dieses Spiellied ist sehr gut für jüngere und behinderte Kinder geeignet.

Alter: ab 3 Jahre
Förderung: Singen, Farben erkennen, sozialer Kontakt, gemeinsame Aktion
Material: farbige Tücher oder Rhythmikreifen, „Kaakuuri, der Zaubervogel" (CD Nr. 10)
Anzahl: höchstens 10–12 Kinder
Vorbereitung: aus Tüchern oder Rhythmikreifen rote, gelbe und blaue Nester legen; ein rotes, ein gelbes und ein blaues Tuch an den Enden aneinanderknoten

Jeweils zwei bis drei Kinder sitzen verteilt in ihren Nestern aus roten, gelben oder blauen Tüchern oder Rhythmikreifen. Ein Kind spielt den Kaakuuri, die drei verknoteten Tücher hängen über seinen Schultern. Der Kaakuuri befindet sich anfangs noch etwas außerhalb.
Die Spielleitung lässt das Lied „Kaakuuri, der Zaubervogel" erklingen. Während des Refrains kommt der Kaakuuri langsam angeflogen. Bei Erwähnung des roten Nestes in der ersten Strophe fliegt der Kaakuuri zu dem passenden Nest. Die Kinder lassen sich von ihm mitreißen, nehmen sich an den Händen und laufen gemeinsam durch den Raum. In der zweiten Strophe kommen weitere Kinder hinzu. Auf diese Weise werden es von Nest zu Nest immer mehr, und am Schluss ist die ganze Gruppe zusammen mit dem Kaakuuri vorneweg.

Refrain
Kaakuuri, Kaakuuri ist ein Zaubervogel,
Kaakuuri, Kaakuuri, er fliegt um die Welt.
Kaakuuri, Kaakuuri, er fliegt über Wolken,
Kaakuuri, Kaakuuri, grad wie's ihm gefällt.

1. Fliegt Kaakuuri hoch in deinem Traum,
findet er ein rotes Nest in einem Baum.
Nimmt er die Vögel gleich bei der Hand,
fliegen sie zusammen weit über das Land.

Kaakuuri, Kaakuuri …

2. Fliegt Kaakuuri hoch in deinem Traum,
findet er ein gelbes Nest in einem Baum. …

Kaakuuri, Kaakuuri …

3. Fliegt Kaakuuri hoch in deinem Traum,
findet er ein blaues Nest in einem Baum. …

Der Zaubervogel

Kaakuuri lebt in einem königlichen Garten. Der Zaubervogel ist besonders schön und kann Menschen mit seinen Liedern verzaubern.

Alter: ab 3 Jahre
Förderung: taktile Wahrnehmung, Körpergefühl, Körperschema, Bewegungskoordination, Kreuzen der Körpermitte, visuelle Wahrnehmung, Augenbewegungen
Material: „Kaakuuri, der Zaubervogel" (CD Nr. 10), Badekleidung, Körperlotion, Strohhalme, bunte Federn, Hocker; evtl. kurzer Schlauch, 20–25 Federn

- Die Kinder cremen ihren Körper mit einer Körperlotion ein.
- Die Spielleitung steht auf einem Hocker und pustet mit einem Strohhalm bunte Federn in die Luft.
- Sie ruft den Kindern zu, mit welchem Körperteil sie die Federn fangen sollen. Die Federn haften an der Creme und somit am Körper der Kinder.
- Zum Lied „Kaakuuri, der Zaubervogel" rennen die Kinder mit ausgestreckten Flügeln durch den Raum und versuchen ihre Federn wieder loszuwerden.
- Zum Schluss bekommt jeder Vogel ein Vogelnest zugeteilt, Jana sammelt z. B. alle roten Federn in das rote Federnest, Fynn kümmert sich um die blauen und Jens um die weißen Federn … Ruckzuck ist so wieder aufgeräumt.

Variante
Die Spielleitung nimmt ein kleines Stück Schlauch, in dessen Ende sie 20 bis 25 Federn steckt. Sie pustet in den Schlauch und die Kinder duschen im Federregen.

Varianten für Jüngere
- Jüngere Kinder fangen ohne Vorgabe der Körperteile die Federn mit ihrem Körper auf.
- Sie bekleben sich selbst mit Federn.
- Sie können sich auch gegenseitig anpusten.

Füße

Nr. 7

Musik und Text: Rainer Wenzel

Refrain
Wozu hab ich Füße?
Zum Laufen und zum Gehn,
zum Stampfen und zum Trampeln,
zum Radfahrn und zum Stehn.
Zum Schleichen und zum Hüpfen
und auch für'n Fußballschuh.
Doch manchmal woll'n sie gar nichts,
dann lass ich sie in Ruh.

1. **Wenn** ich in **Ei**le bin, dann **lau**fe ich, dann **lau**fe ich, dann **lau**fe ich, dann **lau**fe ich, **bis** am **Ziel** ich **bin**.
laufen

2. Will **ich** wo**hin** und **hab'** viel **Zeit**, dann **ge**he ich, dann **ge**he ich, dann **ge**he ich, dann **ge**he ich, dann **ge**he **ich** sehr **weit**.
gemächlich gehen

3. **Wenn** ich einmal **wü**tend bin, dann **stam**pfe ich, dann **stam**pfe ich, dann **stam**pfe ich, dann **stam**pfe ich, weg **ist** die **Wut** und **mir** geht's **gut.**
stampfen

4. Wenn **ich** mal **Rem**mi**dem**mi will, dann **tram**ple ich, dann **tram**ple ich, dann **tram**ple ich, dann **tram**ple ich, nun **ist** es **wie**der **gut.**
trampeln

Wozu hab ich Füße? …

5. Wenn **ich** ein **biss**chen **wei**ter will, aufs **Fahr**rad **drauf** und **schon** geht's **los,** aufs **Fahr**rad **drauf** und **schon** geht's **los, bis** am **Ziel** ich **bin.**
auf den Rücken legen und Fahrrad fahren

6. **Wenn** ich **ein**mal **war**ten muss, dann **ste**he ich, dann **ste**he ich, dann **ste**he ich, dann **ste**he ich, ge**ra**de **wie** ein **Baum.**
ruhig und gerade stehen

7. **Wenn** ich was ganz **heim**lich mach, dann **schlei**che ich, dann **schlei**che ich, dann **schlei**che ich, dann **schle**iche ich, **dass** mich **nie**mand **hört.**
leise schleichen

8. **Wenn** es **krib**belt **in** mir **drin**, dann **hüp**fe ich, dann **hüp**fe ich, dann **hüp**fe ich, dann **hüp**fe ich, so **hoch** wie **ich** nur **kann.**
hüpfen

Wozu hab ich Füße? …

9. Ich **tre**ffe mich mit **Freu**nden, **drau**ßen **mit** dem **Ball,** und **Schuss** und **Tor,** und **Schuss** und **Tor** – **Null** zu **sie**ben, **kla**rer **Fall**!
schießen

10. Und **man**chmal **bin** ich **mü**de vom **Kopf** bis **zu** den **Füß**en, dann **ru**he ich, dann **ru**he ich – ach, **das** tut **auch** mal **gut!**
sich hinlegen

Bewegungshinweis
Nach dem gesungenen Refrain werden in den rhythmisch gesprochenen Strophen die Wortpaare (z. B. Laufen und Gehen) in Bewegung umgesetzt. Dazu eignet sich das rhythmische Sprechen, weshalb die betonten Silben fett gesetzt sind.

Tipp
Es ist sinnvoll, diese Durchgänge oft zu wiederholen, damit die Kinder den Wechsel von Spannung und Entspannung intensiver erleben.

Herr Riesenfuß

Im Königreich lebt ein Riese, der immer nett und freundlich ist. Aber er ist ein wenig traurig, denn im ganzen Königreich gibt es keine passenden Schuhe für ihn. Könnt ihr ihm helfen?

Alter: ab 3 Jahre
Förderung: taktile Wahrnehmung, Gleichgewicht, Körpergefühl, Integration von oben und unten, beidhändiges Arbeiten, Handmotorik
Material: Badebekleidung, Ton, Wasser, Handtücher, „Füße" (Nr. 7); evtl. „Mit den Füßen trapp trapp trapp" (Nr. 12)
Vorbereitung: Ton in Stücke reißen, Wasser in Schüsseln füllen, Handtücher bereitlegen

Die Kinder erhalten einen Klumpen Ton, aus dem sie sich ein paar Schuhe bauen sollen. Sie klopfen den Ton platt. Mit bloßen Füßen stellen sie sich auf den Tonfladen. Um den Fuß herum formen sie den Ton zu einem Schuh. Sind die Schuhe fertig, laufen die Kinder los. Aber das ist gar nicht so leicht, denn der Ton klebt am Fußboden fest. Die Kinder nehmen ihre Hände zu Hilfe.

Hinweis
Die Füße sollten den Kindern immer wieder bewusst gemacht werden. Schließlich fangen sie dort an, sie sollten standfest sein und fest auf dem Boden stehen. Deshalb hören die Kinder immer wieder das Lied „Füße" (→ S. 39) und bald singen sie alle mit.

Variante
Dieses Spiel kann auch gut mit dem Lied „Mit den Füßen trapp trapp trapp" (→ unten) eingeführt werden. Das Bewegungslied wird zunächst getanzt. So wird schon ein klarer Bezug zu den Füßen hergestellt, um die es in diesem Spiel geht.

Mit den Füßen trapp trapp trapp

Nr. 12
Musik und Text: Rainer Wenzel

1. Ding dong ding dong läuten alle Glocken,
ding dong ding dong, überall Musik!

Mit den Armen vor dem Körper ein Dreieck bilden wie eine Glocke von der Seite, die Fingerspitzen aneinander stellen und nach rechts und links schwingen

Refrain
Mit den Füßen trapp trapp trapp,
mit den Händen klapp klapp klapp,
so mach ich Musik, Musik,
komm und mache mit!

3 × mit den Füßen im Rhythmus trampeln
3 × in die Hände klatschen

2. Tick tack tick tack ticken alte Uhren,
Tick tack tick tack, überall Musik!

Mit dem Oberkörper nach links und rechts im Rhythmus pendeln

3. Hui hui hui hui wehen alle Winde,
hui hui hui hui, überall Musik!

Mit den Händen in der Luft schnelle Bewegungen in alle Richtungen machen

4. Fließe, fließe, fließen alle Flüsse,
fließe, fließe, überall Musik!

Vor dem Körper nach beiden Seiten mit den Händen langsame, fließende Bewegungen machen

5. Summ summ summ summ summen alle Bienen,
summ summ summ summ, überall Musik!

Mit dem Zeigefinger in der Luft eine imaginäre Biene langsam fliegen lassen

6. Sss sss sss sss dreh'n sich alle Räder,
sss sss sss sss, überall Musik!

Mit den Händen schnelle kreisförmige Bewegungen machen oder beide Hände schnell umeinander drehen

7. La la la la singen alle Kinder,
la la la la, überall Musik!

Mitsingen

Hier wohnt der König Ichbinwer

Auf der eigenen Insel sind die Kinder Könige und dürfen ganz alleine regieren.

Alter: ab 3 Jahre
Förderung: taktile Wahrnehmung, Kreativität, Handmotorik, Kraftdosierung, Selbstwertgefühl
Material: Ton, Feder, Muscheln, Wasser, Muggelsteine, Perlen, Dekomaterial, Handtücher; evtl. große Schatzkiste, „Wilde Hilde aus Roskilde" (CD Nr. 16)
Vorbereitung: Ton in Stücke schneiden

Die Kinder formen aus einem Klumpen Ton ihre eigene Insel. Sie gestalten sie frei nach ihren Ideen. Jedes Kind ist König seiner Insel. Manche Kinder lassen sich Namen für ihren König einfallen. Zum Schluss erzählen die Kinder, wie es auf ihrer Insel zugeht. Was man dort machen darf und was nicht erwünscht ist. Wer dort wohnen kann, usw.

Tipp
Besonders gern bedienen sich die Kinder bei diesem Spiel mit Materialien aus einer großen Schatzkiste.

Variante
Sie können dieses Spiel sehr gut mit dem Lied „Wilde Hilde aus Roskilde" (→ S. 29) einführen. Erzählen Sie, wie die Piraten auf einer Insel stranden.

Inselhüpfer

Auch kleine Könige machen gerne einmal einen Ausflug zu einer Insel.

Alter: ab 3 Jahre
Förderung: taktile Wahrnehmung, Gleichgewicht, Handmotorik, beidhändiges Arbeiten, Reaktion
Material: Badebekleidung, Handtücher, Ton, Wasser, Hocker
Vorbereitung: Tonstücke und Handtücher bereitlegen, Schüsseln mit Wasser füllen

Die Kinder erhalten einen Klumpen Ton. Sie werfen ihn mehrfach mit Kraft auf den Boden. Der Ton wird mit Wasser und mit beiden Händen zur Insel geformt. Die Kinder besteigen ihren Hocker und springen von dort aus auf ihre Inseln. Diese fühlt sich wunderbar kalt unter den Füßen an.

Varianten
- Die Kinder hüpfen von Insel zu Insel.
- Eine zusätzliche Insel ist zurzeit nicht bewohnt. Die Kinder wechseln die Inseln wortlos. Sie müssen schauen, welche Insel frei wird und schnell hinüber laufen. Die nun nicht bewohnte Insel muss sofort wieder von einem Mitspieler besetzt werden.
- Eine Insel wird fortgenommen. Die Kinder stehen auf ihren Inseln. Ein Inselbewohner steht mitten im Meer und ruft: „Insel, Insel, werd mal frei!" Alle Kinder suchen sich eine neue Insel. Wer keine Insel ergattert, steht als nächster im Meer.

Schneeparty

Alter: ab 3 Jahre
Förderung: taktile Wahrnehmung, beidhändiges Arbeiten, Kreuzen der Körpermitte, Handkraft, Grafomotorik
Material: Siloplane oder wasserfeste Matte, Handtücher, Badebekleidung, große Schwämme, Wasser, Rasiercreme
Vorbereitung: Plane auslegen, Wasser in Schüsseln füllen, Rasiercreme und Handtücher bereitlegen

Eine Plane oder wasserfeste Matte auf den Boden legen. Etwas Rasiercreme wird darauf verteilt. Die Kinder stellen mit großen Schwämmen und wenig Wasser durch festes Drücken des Schwammes Schaum her. Hierzu benutzen sie beide Hände. Es entsteht eine Menge Schaum. Den Kindern macht es Spaß, darin zu werkeln, zu rutschen oder zu malen.

Tipp

Eine gezielte Aufgabe ist bei diesem Angebot nicht nötig. Die Kinder entwickeln selbst eine enorme Kreativität, die es auszuleben gilt.

Kalter Fisch im Glibbersee

Der König isst für sein Leben gerne Fisch. Die leckersten Fische schwimmen jedoch im Glibbersee. Wer traut sich hineinzufassen?

Alter: ab 4 Jahre
Förderung: taktile Wahrnehmung, beidhändiges Arbeiten, Handmotorik
Material: Badebekleidung, Handtücher, Eiswürfel, Plastikwanne, Silikonperlen (aus dem Floristikbedarf); evtl. Edelsteine, warmes Wasser, „Wilde Hilde aus Roskilde" (CD Nr. 16), 1 Plastikauge (aus dem Spielwarenhandel); evtl. gekochter Sago

Eine große Wanne wird mit Silikonperlen gefüllt. In den glibberigen Perlen Eiswürfel verstecken. Die Kinder erhalten die Aufgabe, mit geschlossenen Augen die Eiswürfel herauszufischen. Hierzu werden beide Hände benutzt.

Achtung

Die Kinder darauf hinweisen, dass sie die Perlen nicht in den Mund nehmen dürfen!

Praxistipp

Die Silikonperlen lassen sich nach dem Spiel mithilfe eines Durchschlagsiebes gut säubern. Werden sie schrumpelig, so brauchen Sie nur frisches Wasser zuzugeben. Statt der Silikonperlen kann Sago gekocht werden. Diese Variante ist preislich günstiger und für jüngere Kinder besser geeignet.

Varianten

- Besonders viel Spaß macht dieses Spiel den Kindern, wenn sie in die Wanne steigen und die Eiswürfel mit den Füßen erfühlen.
- Es können Edelsteine versteckt werden.
- Die Glibberperlen dienen als Mutprobe. Wer traut sich, in den Krakenschleim zu fassen?
- Ein zusätzlicher Reiz wird durch das Hinzufügen von warmem Wasser gegeben.

Variante

Dieses Spiel kann sehr gut mit dem Lied „Wilde Hilde aus Roskilde" (➜ S. 29) eingeführt werden. Die Piraten der Wilden Hilde müssen aus dem Krakenschleim die Edelsteine fischen. Besonders lustig finden die Kinder es, wenn das „Glasauge" des Kapitäns in den Krakenschleim gefallen ist und alle danach suchen müssen.

Schwammschleuder

Die königliche Schwammschleuder ist bei allen Kindern im Königreich sehr beliebt.

Alter: ab 3 Jahre
Förderung: taktile Wahrnehmung, Tiefenwahrnehmung, beidhändiges Arbeiten, Kraftdosierung; evtl. „Wilde Hilde aus Roskilde" (Nr. 16)
Material: Badebekleidung, Eimer, Schwämme, Handtücher, Zauberschnur
Vorbereitung: Zauberschnur zwischen zwei Bäume spannen (oder zwischen zwei andere geeignete Fixpunkte), Schwämme und Handtücher bereitlegen, Eimer mit Wasser füllen

Die Kinder stehen im Abstand von etwa vier Metern der Zauberschnur gegenüber. Der Schwammkönig steht vor der Zauberschnur, nimmt einen Schwamm, den er mit Wasser tränkt und ausdrückt. Er spannt den Schwamm in die Zauberschnur wie in eine Schleuder und schießt ihn zu den gegenüberstehenden Kindern. Wer fängt den Schwamm?

Variante

Dieses Spiel kann sehr gut mit dem Lied „Wilde Hilde aus Roskilde" (➜ S. 29) eingeführt werden. Die Piraten schleudern die nassen Wasserschwämme gegen die Angreifer. Wer einen Schwamm fängt, kann zu der Piratenmannschaft wechseln und darf die gefährliche Wasserschwammschleuder bedienen.

Schwammparty

Schwammparty im Königreich. Heute feiern die kleinen Könige ein schwammiges Fest.

Alter: ab 3 Jahre
Förderung: taktile Wahrnehmung, Tiefenwahrnehmung, Gleichgewicht, beidhändiges Arbeiten, Kraftdosierung, Handmotorik, Kreuzen der Körpermitte
Material: Badebekleidung, Eimer, Schwämme, Handtücher, evtl. Rohr, Siloplane, Hocker
Vorbereitung: Schwämme, Rohre, Handtücher bereitlegen, Eimer mit unterschiedlich temperiertem Wasser füllen; bei schlechtem Wetter eine Silofolie auslegen.

Bei gutem Wetter wird draußen gespielt.

- Eine Straße aus Schwämmen legen.
- „Wer kann über die trockenen Schwämme balancieren?"
- „Wer kann über nasse Schwämme balancieren?"
- Über nasse Schwämme unterschiedlicher Temperaturen balancieren.
- Schwämme in verschiedene Eimer, die als Ziele aufgestellt wurden, werfen.
- Sich gegenseitig die nassen Schwämme zuwerfen.
- Nasse Schwämme ausdrücken und die Flüssigkeit messen.
- Nasse Schwämme über einem schräg gestellten Rohr ausdrücken und das Wasser im Eimer auffangen.

Variante

Die Kinder stehen auf jeweils zwei Schwämmen und legen die zwei neben ihnen liegenden Schwämme, über die Körpermitte, auf die andere Seite. Dann treten sie auf die neuen Schwämme, nehmen die alten wieder auf und legen sie an. Diese Variante eignet sich gut als Wettspiel.

Wünsch dir was!

Der König besitzt ein tolles Wunschbrett. Er braucht nur zu drehen und sich etwas zu wünschen.

Alter: ab 4 Jahre
Förderung: taktile Wahrnehmung, Reaktionsfähigkeit
Material: Holzbrett, Holzpfeil, Schraube, Klebeetiketten, dicker Stift; evtl. Pappe

Vorbereitung

- Wunschbrett nach folgender Anleitung bauen.
- Ein Brett ca. 40 x 40 cm zuschneiden.
- In die Mitte ein Loch bohren.
- Einen Pfeil aus einer dünnen Leiste schneiden und ebenfalls am Ende durchbohren.
- Mit einer Schraube das Brett und den Pfeil locker zusammenschrauben, sodass der Pfeil noch gedreht werden kann.
- Die Spielleitung oder Kinder, die schon schreiben können, schreiben Eigenschaften zum Fühlen auf kleine Klebeetiketten, z. B. matschig, stachelig, kalt, rau, klebrig.

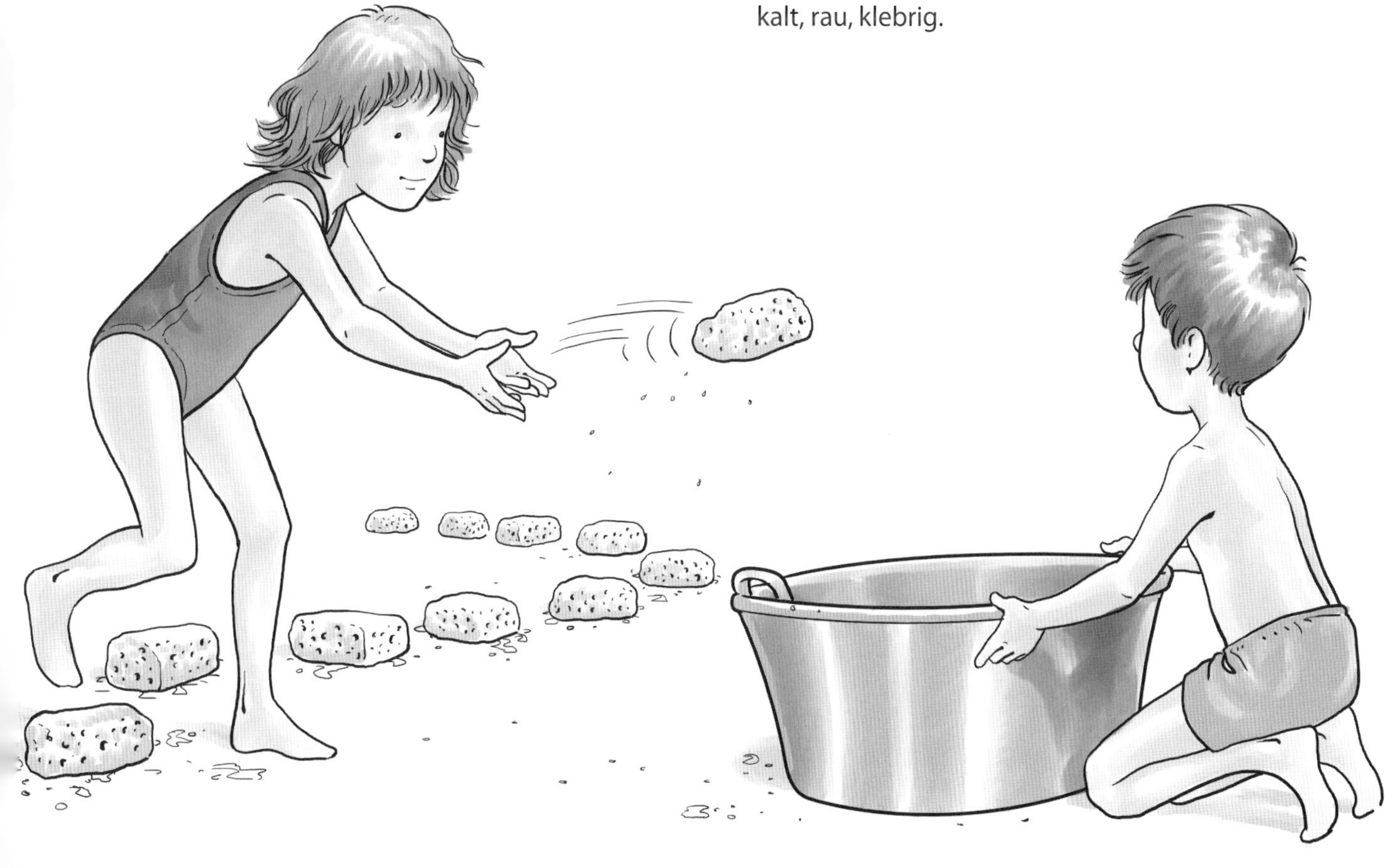

Das erste Kind dreht den Pfeil. Bei welcher Eigenschaft hält der Pfeil? Alle Kinder sausen los und suchen einen Gegenstand mit der angezeigten Eigenschaft.

Variante

Das Brett kann alternativ auch mit Farben, Formen, Zahlen, Buchstaben beschriftet werden. Es ist sinnvoll, dann Einlagepappen mit den Maßen des Brettes zu beschriften, die zwischen Brett und Pfeil gelegt werden. So kann das Spiel immer wieder neu gestaltet werden.

Beispiele

- Grün ist gedreht, alle Kinder suchen etwas Grünes.
- Der Pfeil steht auf A, alle Kinder suchen etwas mit dem Anfangsbuchstaben A.
- 5 ist gedreht, alle Kinder suchen etwas, wovon es fünf gibt.
- 3 ist gedreht, die Kinder suchen etwas, das in drei Silben geklatscht werden kann.

Gefühlskarussell

Beim Thema „Fühlen" ist der Übergang zu den Gefühlen naheliegend! Das Wunschbrett kann sehr gut zu diesem Thema umgestaltet werden.

Alter: ab 5 Jahre
Förderung: Fühlen und Einfühlen
Material: Wunschbrett (➜ S. 47), Klebeetiketten; evtl. Teddy
Vorbereitung: Auf Klebeetiketten Gefühle schreiben, z. B. wütend, fröhlich, begeistert, traurig, stolz, neugierig, beschämt, glücklich

Ein Kind dreht den Pfeil auf dem Wunschbrett. Die Spielleitung liest das angezeigte Gefühl vor. Welches Kind möchte erzählen, wann es sich schon einmal so gefühlt hat? Wenn es möchte, kann das Kind sogar die Körperhaltung einnehmen oder den Gesichtsausdruck darstellen.

Variante

Ein Kind denkt sich ein Gefühl aus und stellt es pantomimisch dar. Die anderen Kinder raten, welches Gefühl gemeint ist. Wer richtig geraten hat, darf ein neues Gefühl zeigen.

Tipp

Einigen Kindern fällt es schwer, über ihre eigenen Gefühle zu reden. Hier hilft es, wenn sie einen Teddy zur Hilfe bekommen. Was hat der Teddy erlebt und wie hat er sich dabei gefühlt?

Wenn mein Teddy traurig ist

Nr. 13

Musik und Text: Rainer Wenzel

1. Wenn mein Teddy traurig ist,
lässt er die Arme hängen.

Refrain
Das kannst auch du!
Und du sagst: „Ohh“
und du sagst: „Mmh“
und du sagst: „Uhh“.
Das kannst auch du!

2. Wenn mein Teddy hungrig ist,
sperrt er den Mund ganz weit auf.

Das kannst auch du! …

3. Wenn mein Teddy wütend ist,
dann fängt er an zu brummen.

Das kannst auch du! …

4. Ist mein Teddy aufgeregt,
dann fängt er an zu zappeln.

Das kannst auch du! …

5. Wenn mein Teddy müde ist,
dann fängt er an zu gähnen.

Das kannst auch du! …

6. Wenn mein Teddy fröhlich ist,
dann fängt er an zu hüpfen.

Das kannst auch du! …

Eimermonster

Im Königreich lebt ein furchtbar gefräßiges Monster. Können wir seinen Hunger stillen?

Alter: ab 3 Jahre
Förderung: taktile Wahrnehmung, Höraufmerksamkeit, Reihenfolgen
Material: „Monster Huhuu!" (CD Nr. 1), Treteimer, Zeitung, Kleister, Wackelaugen, Dekomaterial (z. B. Pompon, Pfeifenputzer, Federn)
Vorbereitung: Aus einem Treteimer ein Eimermonster bauen. Dazu auf den Deckel des Eimers mit Pappmachee eine Halbkugel als Monsterkopf formen. Die Kugel trocknen lassen, bemalen und mit Wackelaugen versehen. Aus einem Pompon eine Nase anbringen und mit Pfeifenputzern und Federn oder anderem Dekomaterial verzieren.

Dieses Spiel kann sehr gut mit dem Lied „Monster Huhuu!" (→ S. 94) eingeleitet werden. Dann wissen die Kinder gleich, um welches Monster es sich handelt.
Das Monster hat Hunger und geht in den Monsterimbiss. Dort gibt es eine Bestellung auf, die z. B. heißt:
- „Ich möchte etwas Kaltes essen"
- „Ich brauche dringend etwas Wabbeliges"
- „Ich habe Kohldampf auf etwas Raues"
- „Ich brauche dringend etwas Ekeliges"
- „Ich mag am liebsten etwas Weiches"
- „Ich könnte sterben für etwas Flauschiges"
- „Ich möchte erst etwas Blaues essen, dann etwas Wabbeliges und dann etwas Spitzes"

Die Kinder suchen entsprechende Materialien zusammen und stopfen dem Monster das Maul.

Die Kinder erhalten Knie- und Sitzkissen aus dem Gartenbedarf. Unter jedes Kissen schüttet die Spielleitung etwas Wasser. Den Fußboden befeuchtet sie ebenfalls mit Wasser. Nun geht die Flitzerei los. Die Kinder versuchen, zunächst ohne Hilfe, im Sitzen oder Liegen voranzukommen. Schließlich holt sie die Spielleitung einzeln ab und wirbelt jedes Kind im Sitzen oder in der Bauchlage durch den Raum.

Königsflitzer

Der König besitzt einen schnellen Wasserflitzer. Schneller als eine Rakete ist er, aber leider wird er ganz schön nass dabei.

Alter: ab 3 Jahre
Förderung: taktile Wahrnehmung, Gleichgewicht, Tiefenwahrnehmung
Material: Knie- und Sitzkissen (Gartenbedarf), Badebekleidung, Handtücher, warmes Wasser, 1 Plastikflasche; evtl. Seile

Variante
Die Kinder können in der Bauchlage von einem zum anderen geschossen oder an einem Seil gezogen werden.

Achtung
- Bei dieser Aktion müssen ganz klare Regeln aufgestellt werden!
- Der Fußboden ist sehr rutschig, deshalb müssen alle vorsichtig laufen!
- Keiner darf sich auf ein Knie- und Sitzkissen stellen!

Rezepte gegen Puddingtatzen

Förderung der Handmotorik

In diesem Kapitel geht es um Handkraft, Hand- und Fingerschema, Kraftdosierung, Auge-Hand-Koordination, Kreuzen der Körpermitte und Augenfolgebewegungen. Um eine gute Handmotorik zu entwickeln, sind vielerlei Abläufe unseres Körpers nötig, die sich automatisieren müssen, etwa im Bereich „Schreiben“:

- Wir benötigen eine gute Basiswahrnehmung.
- Die Haut gibt uns die Rückmeldung, an welcher Stelle der Stift in der Hand aufliegt.
- Die Muskulatur gibt uns Aufschluss über unsere Gelenkstellung und die Stellung der Finger zueinander.
- Eine ausreichend angepasste Kraftdosierung wird benötigt, denn die Hand sollte nicht über dem Blatt schweben und nicht zu fest aufdrücken.
- Die Kraft muss dem Stift und den Schwüngen angepasst werden.
- Das Kind sollte über ein klares Hand- und Fingerschema verfügen.
- Schwünge sollten locker aus dem Handgelenk geschrieben werden und nicht verkrampft aus der Schulter kommen.
- Die Augen sollten der Hand mühelos, auch über die Mittellinie hinweg, folgen können.
- Die Körpermitte sollte gekreuzt werden können.

Viele Kinder im meiner Praxis verweigern das Malen und Schreiben. Malen ist für sie ein Graus, da sie meinen, es nicht zu können. Es stellt für sie eine enorme Anstrengung dar. Sie möchten etwas auf das Papier bringen und haben vielleicht sogar eine genaue Vorstellung in ihrem Kopf, können sie aber nicht umsetzen. Bastelarbeiten gelingen nicht nach ihren Vorstellungen und die Dosierung der Kraft fällt ihnen schwer. Die Enttäuschung ist groß, wenn ihr Werk misslingt. Das Schlimmste ist für sie dann ein abwertender Kommentar vonseiten der Erwachsenen, den sie allzu häufig ernten.

Aus diesem Grund bauen wir handmotorische Angebote in die Förderstunden ein, die nicht als solche er-

Praxistipp

In meiner Praxis gebe ich gerne Aufgaben aus diesem Kapitel mit nach Hause. Nach einer gewissen Zeit, wenn die Grundlage für die Augen- und Handmotorik gegeben ist, führe ich Vorschulbögen als zusätzliche Hausaufgabe ein. Die Kinder füllen diese Bögen gerne aus, besonders dann, wenn sie sie selbst lochen und einheften dürfen. Eine eigene Mappe ist ein absolutes Muss! Denn diese Mappe gehört dem Kind und es kann stolz zeigen, was es alles kann und schon gemacht hat. Die Kinder in meiner Praxis verlangen nach Hausaufgaben. Es ist für sie in keinerlei Weise schlimm, daheim mitzuarbeiten. So werden sie von mir ernst genommen und wissen, dass ich mir Gedanken über sie gemacht habe.

kannt werden. Viel Lob ist gerade in diesem Bereich erforderlich! Freude an der Bewegung, Vertrauen in die eigenen Hände und Werke sind uns in diesem Kapitel wichtig. Denn Freude wird schwerlich aufkommen, wenn wir das trainieren, was das Kind schon so oft hat scheitern lassen.
Zunächst sollten insbesondere freie Angebote das Kind motivieren. Ohne Vorgabe wird den Kleinen die Möglichkeit gegeben, ihre Hände einzusetzen.

Achtung
Wenn die Kinder die Bereitschaft zum Ausfüllen der Vorschulbögen noch nicht haben, sollten diese nicht eingesetzt werden! Keiner von uns übt gerne Dinge, die immer wieder misslingen. Fehlt dem Kind eine Grundvoraussetzung für diese Tätigkeit, dann muss diese erst auf spielerische Weise angeregt werden. Denn manchen Kindern fehlt bei diesen Handlungen ein wichtiger Baustein in der Basis. So können z. B. beim Lesen Buchstaben nicht erkannt werden oder es fehlt beim Erlernen des Fahrradfahrens das Gleichgewicht oder das Körpergefühl für die Koordination beider Pedale. Oder das Kind hat die Kraft nicht, um die Pedale ausreichend in Bewegung zu bringen. Dann muss natürlich erst der fehlende Baustein gefördert und integriert werden.

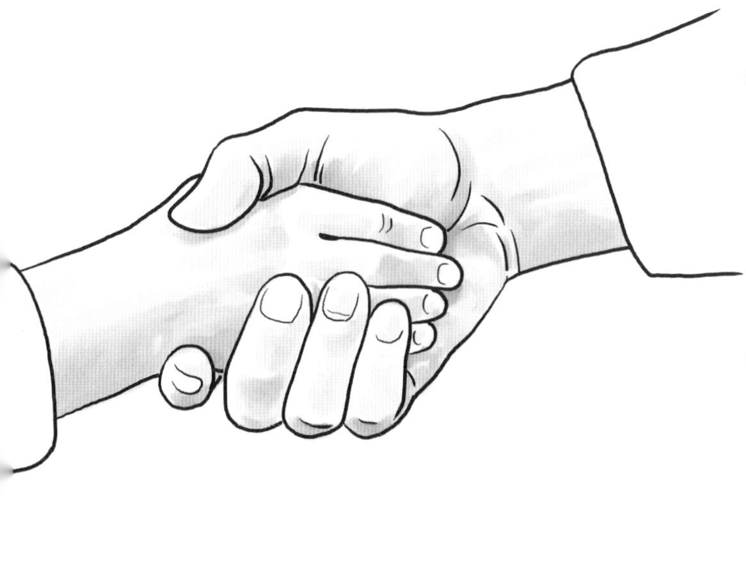

Praxistipp
Wir begrüßen uns in unseren Stunden mit Handschlag. Ein fester Händedruck, ein Blick in die Augen und ein Lächeln schaffen eine gute Basis. Die Kinder fühlen sich ernst genommen und aufgehoben und wissen, dass sie von uns gesehen werden. Ein guter Händedruck gibt Sicherheit und strahlt Sicherheit aus.
Kennen Sie das unangenehme Gefühl, wenn Sie jemandem die Hand geben, und dieser gibt Ihnen eine „Puddingtatze"? Wie fühlt es sich an, wenn Sie einem erwachsenen Menschen eine kraftlose Hand geben? Diese Hand kann dem Kind wohl kaum Sicherheit vermitteln.
Wie häufig trauen sich Kinder nicht ins Gruppengeschehen? Reichen wir ihnen eine sichere Hand, mit festem Druck, lächeln und begleiten das Kind, dann fällt der erste Schritt gar nicht mehr so schwer.

In den beiden vorherigen Kapiteln haben wir Ideen zur freien Arbeit angeregt. Vorbereitend eignen sich diese Ideen gut für Kinder mit auffälliger Handmotorik.

Anregungen für den Alltag

- Lassen Sie Ihr Kind im Haushalt mithelfen. Zum Kochen, Backen, Bügeln, Nähen, Tisch abwischen, Bad putzen brauchen wir unsere Hände. Kinder helfen gerne im Haushalt und fühlen sich wahrgenommen.
- Lassen Sie Ihr Kind im Garten mitarbeiten. Für jede Gartenarbeit benötigen wir unsere Hände. Beim Blumengießen muss die Kraft dosiert werden, beim Einpflanzen arbeiten beide Hände, beim Umgraben der Erde benötigen wir viel Kraft, beim Harken mit beiden Händen wird die Körpermitte gekreuzt.
- Lassen Sie Ihr Kind mit renovieren. Streichen, Rollen und Einkleistern von Tapeten macht Spaß und fördert die Handmotorik und das Selbstwertgefühl.

- Beziehen Sie Ihr Kind beim Fensterputzen mit ein. Besonders viel Spaß macht das Abziehen der Fenster.
- Lassen Sie Ihr Kind großräumig auf Tapeten malen.
- Lassen Sie Ihr Kind das Brot selbst schmieren.
- Lassen Sie Ihr Kind kneten, im Sand spielen, matschen.
- Bieten Sie Fingerfarben, Mehlfarben und Straßenkreide an.
- Halten Sie Badewannenstifte und Malseifen für das Bad bereit.
- Geben Sie Flaschen, Trichter, Schläuche und unterschiedliche Gefäße mit in die Badewanne und lassen sie die Kinder hantieren.
- Bieten Sie Badewannentiere und Einwegspritzen an.
- Wenn Ihr Kind mag, lassen Sie es sich selbst eincremen oder schminken.
- Lassen Sie Ihr Kind Papier reißen. Gut eignet sich feuchter Karton, der mit einer Sprühflasche befeuchtet wurde.

Hände

Nr. 6

Musik und Text: Rainer Wenzel

1. Streck' ich die Hände hoch	
weit in die Himmelsferne,	*Hände ganz hoch strecken*
berühr' ich fast den Mond	
und die vielen Sterne.	*Sterne blitzen lassen*
Doch das Schönste, was man je erfand:	
Du gibst mir, ich geb' dir die Hand.	*erst die eine, dann die andere Hand reichen*
Refrain	
Hände nehmen,	*Hände zu sich führen und schließen*
Hände geben,	*Hände nach vorne öffnen*
manche Hände kleben.	*klebende Hände nachahmen*
Dann gehören sie gewaschen,	
steckst sie gern in Hosentaschen.	*in die Hosentaschen stecken*
Hände nehmen, Hände geben	
durch das ganze Leben.	
2. „Komm zu mir“, sagen Hände,	*Komm-Geste*
zum Abschied winken viele Hände.	*Winken*
Ohne Finger wären Hände	*Finger bewegen und bewusst anschauen*
ganz schön am Ende.	
Doch das Schönste …	
Hände nehmen …	
Rhythmischer Sprechteil	
Hände schnipsen, Hände klatschen,	*Schnipsen, klatschen*
Hände kitzeln, Hände matschen,	*sich gegenseitig kitzeln, Matschbewegungen*
Hände wie Propeller, immer schneller,	*schnell drehen*
immer schneller,	
Hände streicheln, Hände schmeicheln,	*Hände streicheln, sich übers Gesicht streichen*
Hände sind leicht, Hände sind schwer.	*Hände öffnen, zur Faust schließen*
Hände waschen, Hände naschen,	*Waschbewegung, eine Hand an den Mund*
Hände sind voll, Hände sind leer.	*wie eine Schale beugen, ausschütteln*
Hände soll'n nicht schlagen,	*eine Hand hält die andere am Gelenk fest*
lieber sich vertragen.	*sich selbst die Hand geben*

1. Streck ich die Hände hoch …

Hände nehmen …

Murmel auf Reisen

Der König liebt Murmeln. Er besitzt ganz viele, die in allen Farben glitzern. Eines Tages kommt ein Murmeltier und klaut alle Murmeln. Die Lieblingsmurmel konnte der kleine König retten. Ab jetzt hält er seine Murmel gut fest!

Alter: ab 3 Jahre
Förderung: Handmotorik, Hand- und Fingerkraft, Fingerschema
Material: Murmeln; andere Materialien wie Kastanien, Eicheln, Legosteine oder Steine

Die Kinder bilden Paare. Ein Kind nimmt eine Murmel fest in die geschlossene Hand. Sein Partner, das Murmeltier, versucht die Murmel durch das Aufdrücken der Hand zu stibitzen.

Varianten

- Die Murmel zwischen Daumen und Zeigefinger nehmen. Das Murmeltier darf beim Stibitzen auch nur diese beiden Finger benutzen.
- Viele verschiedene Fingervariationen sind möglich, z. B. Daumen und kleiner Finger, Daumen und Mittelfinger.
- Die Murmel unter der flachen Hand verstecken. Dann muss das Murmeltier die Hand hochheben.

Tipp

Dieses Spiel eignet sich gut, um die Handkraft zu schulen. Es kann mit vielen unterschiedlichen Materialien gespielt werden. Wichtig ist die Wiederholung. Ob Kastanien, Eicheln, Legosteine oder Steine geklaut werden, ist dabei einerlei.
Im Kindergarten bieten wir dieses Spiel oft zwischendrin im Vorbeigehen an. Die Kinder bauen so Kraft auf, bekommen ihre kurze Einzelzuwendung und haben enormen Spaß an diesem Spiel.

⊙ Dieses Spiel eignet sich gut für zuhause.

Fang die goldene Kugel!

Alter: ab 3 Jahre
Förderung: Auge-Hand-Koordination, Kraftdosierung, Figur-Grund-Unterscheidung
Material: pro Kind 1 Becher, Murmeln; evtl. 1 Kugelauge, 1 Teppichrohr, 4 Langbänke

Die Kinder sitzen auf den Knien im Kreis. Jedes Kind erhält einen Becher. Mithilfe des Bechers rollen die Kinder die Murmeln von einem zum anderen. Und auch nur mit dem Becher wird die Kugel in Empfang genommen.
Zunächst spielen alle ganz geordnet im Kreis. Später kann kreuz und quer durcheinander gespielt werden. Das braucht viel Konzentration.

Varianten

- Viel Spaß macht es den Kindern, wenn sie statt der Murmel ein rollendes Auge weiterleiten.
- Profis spielen mit mehreren Murmeln.
- Die Murmeln werden durch ein schräg gestelltes Teppichrohr gerollt. Unten fangen die Kinder die Murmeln mit den Bechern auf.
- Mehrere Murmeln gleichzeitig durch das schräg gestellte Teppichrohr rollen lassen. Eine bestimmte Murmel, z. B. die rote Murmel, soll gefangen werden.

Hinweis

Wird in der Turnhalle gespielt, ist es sinnvoll, das Spielfeld mit vier Langbänken abzugrenzen.

⊙ Dieses Spiel eignet sich gut für zuhause.

Ein neues Federkleid für Kaakuuri

Kaakuuri, den Zaubervogel, kennen wir bereits (➔ S. 36). Bald soll ein Fest bei den kleinen Königen und Königinnen stattfinden. Zur Feier wünscht sich auch Kaakuuri ein neues Federkleid. Könnt ihr ihm helfen?

Alter: ab 5 Jahre
Förderung: Auge-Hand-Koordination, Kreuzen der Körpermitte
Material: Bild vom Zaubervogel, Stifte, CD-Spieler, „Kaakuuri, der Zaubervogel" (CD Nr. 10), Klebeband
Vorbereitung: Zaubervogelvorlage auf DIN A3 kopieren, Bögen auf dem Fußboden und an der Wand fixieren, Stifte bereitlegen

Jedes Kind erhält einen Stift. Das Lied „Kaakuuri, der Zaubervogel" wird eingespielt. Die Kinder tanzen mit ihrem Stift in der Hand um die Bilder herum. Die Spielleitung stoppt die Musik.
Die Kinder suchen sich blitzschnell ein Bild aus und beginnen mit der Schwungübung. Sie umranden den Vogel so lange, bis die Musik wieder einsetzt. Dann nehmen sie den Stift in die Hand und tanzen wieder los. Stoppt die Musik erneut, suchen die Kinder sich ein neues Blatt. Langsam entsteht so ein buntes Federkleid für den Zaubervogel.

⊙ Schwungübungen eignen sich gut für zuhause, wenn die Bereitschaft dazu besteht.

Vulkan

Nr. 15

Musik und Text: Rainer Wenzel

1. Wisst ihr, wie's mir manchmal geht,	
wenn ihr mich so zappeln seht?	*auf dem Boden sitzen und zappeln*
Dann ist in mir ein Feuer drin,	
das will raus, egal wohin.	
2. Ganz tief innen in mir drin,	
da wo ich so zapplig bin,	*auf dem Boden knien und zappeln*
tost und saust es mit Gebraus	
und will raus und es will raus!	
Refrain	
Horch in dich, horch und spitz die Ohren.	*ganz leise*
Hörst du da das Rumpeln und Rumoren?	*mit flachen Händen auf den Boden klatschen*
Spürst du schon das Poltern und das Toben?	*mit den Fäusten auf den Boden trommeln*
Und das Feuer will mit Kraft nach oben.	*Ruhe*
Und mit Macht, da bricht's heraus!	*aus der Hocke kräftig hochspringern*
Seht ihn an, den Vulkan,	
wie der Feuer spucken kann!	*mit den Armen wirbeln*
Und es brodelt und es zischt,	*laut zischen*
bis das Feuer ganz erlischt.	*auf den Boden legen, entspannen*

Vulkanlandschaft

Im Königreich steht ein wunderschöner Vulkan. Manchmal bricht er aus, dann fliegen viele Funken!

Alter: ab 4 Jahre
Förderung: Hand- und Fingerkraft, taktile Wahrnehmung, Fantasie, Kraftdosierung
Material: Holzbretter, Ton, Fingerfarben, Federn, Glitzer, Muggelsteine, Wunderkerzen, Streichhölzer, kleines Gefäß mit Wasser, Essig, Spülmittel, Backpulver, rote Lebensmittelfarbe als Pulver oder in flüssiger Form; evtl. kleine Dinosaurier aus Plastik
Vorbereitung: Bastelmaterial bereitstellen, Klebepistole einschalten

Die Kinder gehen gemeinsam ans Werk:

- Aus einem großen Klumpen Ton auf einem Brett einen Vulkan formen.
- Mit viel Wasser besonders schön glätten.
- Mit Fingerfarben anmalen.
- Auf dem Brett eine Wiese mit bunten Blumen (Glitzer) oder einen Fluss gestalten.
- Mit Muggelsteinen die Landschaft verzieren.
- Federn in kleine Tonbälle gesteckt sind die Bäume.
- In den Vulkan eine Kugel aus Ton legen.
- In der Kugel eine Wunderkerze befestigen.

Nun kann der Vulkan ausbrechen.

Tipp

Mit einer kleinen Flasche, die mit Wasser, Essig, Spülmittel, Backpulver und etwas roter Lebensmittelfarbe gefüllt ist, kann Lava aus dem Vulkan sprudeln.

Wassertiere

Viele lustige Gummitiere spielen im Königreich. Was die alles können!

Alter: ab 3 Jahre
Förderung: Hand- und Fingerkraft, Kraftdosierung, Kreuzen der Körpermitte, Zielgenauigkeit, taktile Wahrnehmung
Material: Gummitiere, 1 Plastikwanne, Badebekleidung, Handtücher; evtl. rote Blume, Teelicht, Flasche, Tischtennisball; 1 kleine Flaschenbürste, 1 Zahnbürste, Schaumseife, 1 Pinsel, 1 elektrische Zahnbürste
Vorbereitung: Wanne mit Wasser füllen, Handtücher und Gummitiere bereitlegen

In einer mit Wasser gefüllten Plastikwanne schwimmen Gummitiere. Die Kinder drücken die Tiere zusammen und tauchen sie unter, sodass die Tierkörper sich mit Wasser füllen. Mit dem aufgesogenen Wasser dürfen sie spritzen.

Varianten

Schwieriger wird dieses Spiel, wenn Aufgaben gestellt werden:

- Wer trifft die rote Blume im Beet?
- Wer kann ein Teelicht ausspritzen?
- Wer kann einen Tischtennisball von einem Flaschenhals spritzen?
- Wer trifft das Planschbecken?

Hinweis

Haben alle genug gespritzt, machen die Kinder die Tiere sauber, z. B. mit einer kleinen Flaschenbürste, einer Zahnbürste, mit Schaumseife oder einem Pinsel. Eine elektrische Zahnbürste ist besonders beliebt.

⊙ Dieses Spiel eignet sich gut für zuhause.

Tierfütterung

Kleine Könige sind sehr tierlieb. Die jungen Tiere im Königreich brauchen oft ihre Hilfe.

Alter: ab 3 Jahre
Förderung: Hand- und Fingerkraft, beidhändiges Arbeiten, Kraftdosierung
Material: pro Kinderpaar 1 Gummitier mit Spritzloch am Mund und 1 Einwegspritze, 1 Schüssel, Wasser, Badebekleidung, Handtücher
Vorbereitung: Schüssel mit Wasser füllen, Tiere, Spritzen und Handtücher bereitlegen

Die Kinder spielen paarweise. Jedes Paar kümmert sich um ein Gummitier. Ein Kind hält ein Gummitier fest in beiden Händen. Das andere Kind zieht die Einwegspritze mit Wasser auf und füttert dieses Tier, indem es die Spritze an den Mund des Tieres hält. Das Gummitier wird immer praller. Ist es voll, spuckt es ganz von alleine, wenn die Spritze abgezogen wird.

⦿ Dieses Spiel eignet sich gut für zuhause.

Steinmikado

Königskinder brauchen viel Geduld. Bei diesem Spiel können sie sich darin üben!

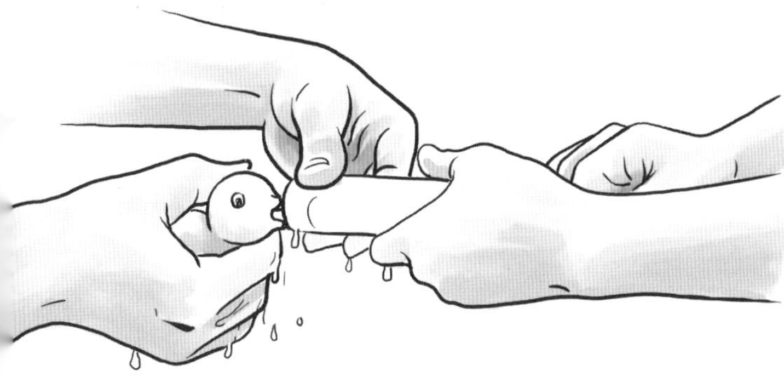

Alter: ab 3 Jahre
Förderung: Kraftdosierung, Auge-Hand-Koordination, genaues Hinsehen, Abwarten
Material: 1 Steinplatte, pro Kind mind. 3 verschiedene Steine
Vorbereitung: Steine sammeln und bereitlegen

Jedes Kind sucht sich drei Steine aus. Nacheinander darf jedes einen seiner Steine auf die Steinplatte legen. Beim Ablegen müssen sich die Steine an einer Stelle berühren. Vorsicht! Wer wackelt, muss alle Steine nehmen, die sich bewegt haben. Gewonnen hat, wer keine Steine zum Ablegen mehr besitzt.

Variante
Dieses Spiel kann auch umgekehrt gespielt werden. Ein Turm wird gebaut und muss nun abgetragen werden.

Tipp
Lassen Sie die Kinder Steine sammeln und mitbringen. Es eignen sich Steine, die in der Natur gefunden wurden. Geschliffene Steine sind zwar schön, aber für dieses Spiel zu glatt.

⦿ Dieses Spiel eignet sich gut für zuhause.

Alle auf die Bühne!

Im königlichen Theater wird heute ein Fingerstück aufgeführt! Macht ihr alle mit?

Alter: ab 3 Jahre
Förderung: Finger-Handschema, Zählen, Reaktion
Material: pro Kind 1 Hocker

Die Kinder sitzen auf den Knien vor ihren Hockern. Die Bühnenshow beginnt. Die Spielleitung gibt Kommando:

Alle Mitwirkenden hinter die Bühne.	*Alle Hände verschwinden hinter dem Rücken.*
Auf der Bühne erscheinen Frau Zeigefinger und Herr Daumen.	*Ein Zeigefinger und ein Daumen erscheint.*
Auf der Bühne erscheinen Herr Mittelfinger und Herr kleiner Finger.	*Es erscheinen der rechte Mittelfinger und der linke kleine Finger.*
Heute kommen sieben Personen zu Besuch.	*Die Kinder zeigen sieben Finger.*
Oh, jetzt kommen Frau Faust und Frau Fuß mit ihren Schwestern.	*Auf der Bühne erscheinen zwei Fäuste und zwei Füße.*

Eine hervorragende Übung, um die Bauchmuskulatur zu trainieren.

Tipp
Es kann auch ohne Hocker gespielt werden.

⊙ Dieses Spiel eignet sich gut für zuhause.

Leuchtstabmikado

Es ist Nacht geworden im Königreich. Die Könige spielen ein lustiges Spiel mit leuchtenden Stäben. Genaues Hinsehen und eine ruhige Hand sind gefragt.

Alter: ab 4 Jahre
Förderung: Kraftdosierung, Auge-Hand-Koordination, genaues Hinsehen
Material: lange Knicklichter (bzw. bunte Strohhalme)

Der Raum wird für dieses Spiel abgedunkelt. Die Spielleitung nimmt die Leuchtstäbe in beide Hände und lässt sie wie beim Mikado fallen. Die Kinder versuchen reihum einen Leuchtstab vom Haufen zu nehmen, ohne zu wackeln. Wer wackelt, muss den Stab zurücklegen. Das Kind mit der ruhigsten Hand und den meisten Stäben gewinnt.

Variante
Die Kinder legen Häuser aus den Leuchtstäben. Die Spielleitung gibt Aufgaben vor, z. B. „In meinem Haus leben zwei Zeigefinger und ein Daumen." Die Kinder legen jetzt ihre zwei Zeigefinger und einen Daumen in ihr Haus.

Tipp
Gerade reizoffene Kinder können sich durch die Dunkelheit bei diesem Spiel gut konzentrieren.

Achtung
Lassen Sie die Kinder niemals unbeaufsichtigt mit den Leuchtstäben spielen. Weisen Sie die Kinder darauf hin, dass sie die Leuchtstäbe nicht in den Mund nehmen und nicht zerbrechen dürfen.

Tauziehen

Das Lieblingsspiel der Könige ist das alljährliche Tauziehen. Habt ihr Kraft mitgebracht?

Alter: ab 4 Jahre
Förderung: Fingerkraft, Fingerschema, Kraftdosierung
Material: verschiedene Haushaltsgummis

Daumen und Zeigefinger spielen Tauziehen. Ein Haushaltsgummi wird um die genannten Finger gespannt und so weit wie möglich auseinandergezogen. Danach tritt der Daumen gegen den Mittelfinger an.

Tipp
Erschwert wird dieses Spiel, wenn unterschiedliche Gummibänder eingesetzt werden.

⊙ Dieses Spiel eignet sich gut für zuhause.

Fangbecher

Welches Königskind ist so geschickt und fängt eine fliegende Perle im Becher?

Alter: ab 4 Jahre
Förderung: Auge-Hand-Koordination, Kraftdosierung
Material: leere Joghurtbecher, Schnur, Schere, Perle, Handbohrer

- Einen Fangbecher aus einem Joghurtbecher, einer Schnur und einer Perle bauen.
- In den Boden des Joghurtbechers ein Loch bohren.
- Durch das Loch eine Schnur fädeln.
- An das Ende der Schnur eine Perle knoten.
- Im Joghurtbecher die Schnur mit einer zusätzlichen Perle und einem Knoten fixieren.

Die Kinder verteilen sich im Raum. Jedes Kind fängt für sich mit seinem Fangbecher die Perle.

Variante
Dieses Spiel kann auch in der Gruppe gespielt werden. Wer fängt seine Perle zuerst?

⊙ Dieses Spiel eignet sich gut für zuhause.

Ringritter

An die Stäbe, fertig, los! Welcher kleine König ist so geschickt und fällt nicht von der Linie?

Alter: ab 3 Jahre
Förderung: Auge-Hand-Koordination, Kraftdosierung, Gleichgewicht
Material: pro Kind 1 dünner Stock oder Rundstab (ca. 1 m lang), Gardinenringe; evtl. Schwebebalken, leere Klopapierrollen, Abdeckfarben
Vorbereitung: Viele leere Klopapierrollen bunt bemalen

Zwei Kinder stehen sich auf einer Linie gegenüber. Beide erhalten einen Stock oder Rundstab. Ein Kind steckt einen Gardinenring über seinen Stab. Der Ring wird an den Stab des gegenüberstehenden Kindes weitergegeben. Dabei achten die Kinder darauf, nicht von der Linie abzuweichen.

Varianten

- Schwerer wird es, wenn die Kinder auf einem Schwebebalken stehen.
- Die Kinder spießen bunt bemalte Klopapierrollen auf, die in der Mitte des Raumes auf einem Haufen liegen.
- Die Spielleitung spießt eine Farbfolge an bunten Klopapierrollen auf. Die Kinder fädeln diese ebenfalls auf ihren Stab. Hinterher wird verglichen. Stimmen alle Folgen überein, so halten die Ritter ihre Stäbe im Kreis nach oben. Auf drei fliegen alle Rollen in den Haufen zurück.

⊙ Dieses Spiel eignet sich gut für zuhause.

Luftballon am Band

Auch kleine Könige müssen erst einmal lernen, einen Ball zu fangen. Hier gibt es gute Tricks!

Alter: ab 3 Jahre
Förderung: Auge-Hand-Koordination, Kraftdosierung, beidhändiges Arbeiten, Augenfolgebewegungen
Material: Luftballon, Band (ca. 1 m lang); evtl. pro Kind 1 Fliegenklatsche, 1 Gymnastikstab, Schnur
Vorbereitung: Den Luftballon aufblasen und an einem langen Band an der Decke befestigen.

Die Kinder bilden Paare. Ein Kind gibt dem Luftballon, der an einem Band von der Decke hängt, einen Schubs. Das andere Kind soll den Ballon mit beiden Händen fangen.

Varianten

- Die Kinder spielen sich gegenseitig den Ballon mit Fliegenklatschen zu.
- Einen Ballon mit einer Schnur an einen Gymnastikstab binden. Die Spielleitung schwingt den Ballon zum Kind, das den Ballon mit beiden Händen fangen soll.
- Die Kinder stehen im Kreis um die Spielleitung, die den Ballon an dem Stab im Kreis schwingen lässt. Die Kinder sollen mit der Fliegenklatsche den Ballon treffen.

Tipp

Dieses Spiel eignet sich gut für stark verlangsamte Kinder. Es stellt eine Vorstufe zum Ballfangen dar, da die Kinder vor dem Luftballon keine Angst haben. Durch die langsame Bewegung des Lufballons am Band bekommt das Kind die Möglichkeit, seine Hände ausreichend schnell zu koordinieren.

⊙ Dieses Spiel eignet sich gut für zuhause.

Spitz die Ohren, kleiner König!

Hören und Zuhören

LehrerInnen und ErzieherInnen klagen zunehmend über die Lautstärke in Gruppen- und Klassenräumen. „Kinder hören nicht zu. Sie sehen nicht hin, sie sehen sich nicht an, sie haben die Augen und Ohren überall, nur nicht da, wo sie hingehören. Sie können keinen Blickkontakt halten" usw. Dies sind einige Aussagen, die wir auf unseren Fortbildungen immer wieder von ErzieherInnen und LehrerInnen hören. Natürlich gibt es Gründe dafür, warum viele Kinder nicht hören und sehen, was sie sollen.

Unsere Welt wird immer lauter, technischer, schneller und kälter. Die Augen und Ohren werden permanent mit Reizen überflutet. Und während die Fernsinne überfüttert werden, verkümmern die zuvor beschriebenen Nahsinne. Aber diese körpernahen Sinne bilden das Fundament für das Hören und Sehen.

Schauen Sie einmal an sich selbst herunter. Unter unserem Kopf, dort, wo auch das Sprachwerkzeug Mund, die Augen und die Ohren sind, befindet sich ein Körper. Dieser Körper sollte gut bewegt sein und ausreichend Erfahrungen gesammelt haben, damit der Kopf von seinen Erfahrungen profitieren kann. Das meint auch ein Satz, der absolut treffend sagt, was wir in diesem Buch vermitteln wollen: „Wenn wir einen Kopf in die Schule schicken, dann dürfen wir uns nicht wundern, dass ein Körper folgt."

Was eine vergessene Kinderseele macht, vermag ich nicht ausreichend zu beschreiben, dafür ist dieses Buch nicht geeignet. Für tiefgründige Seelenarbeit muss Hilfe bei anderen Berufsgruppen gesucht werden. Dennoch ist es uns wichtig, dass es den Kindern gut geht. Mit klarem Menschenverstand und dem

Zwei Beispiele für das Loben der Kinder untereinander

- Die ungeschickte und zurückhaltende Marina springt erstmals ohne Hilfe vom Kasten. In der Lobrunde gibt Nico sein Lob an Marina. Marina ist stolz auf ihren Sprung und darauf, dass sie von Nico wahrgenommen wurde.
- Carsten lobt Nico, der es mehrmals geschafft hat, in der Stunde seine Ideen für sich zu behalten und nicht in den Raum zu werfen. Sonst gibt Nico zu allem seinen Kommentar ab und benötigt dafür viel Gruppenzeit. Wir besprechen gemeinsam, dass es eigentlich gut ist, viele Ideen zu haben. Aber manchmal muss man sie für sich behalten, weil sie sonst zu weit führen und von anderem ablenken würden. Wir beschließen, dass Nico wahrscheinlich eines Tages tolle Ideenbücher schreiben wird und darin alle seine Idee sammeln kann. Nico fühlt sich ernst genommen und ist stolz, seine Ideen im Zaum gehalten zu haben. Natürlich muss Nico beim nächsten Mal gelobt werden, wenn er zuhört, seine Ideen zügelt und die Erklärungen der Spielleitung nicht unterbricht. Das könnte z. B. so aussehen: Blickkontakt herstellen, Kind anlächeln und bestätigen: „Nico, klasse. Ich weiß, dass du wieder tausend Ideen in deinem Kopf hast und eigentlich wolltest du sie auch mitteilen. Ich sehe, dass du dir ganz große Mühe gibst und du hast es sogar geschafft. Prima!"

Herz am rechten Fleck stärken und begleiten wir die Kinder jedoch so, dass aus dem König „Traumichnicht" ein König „Ichbinwer" wird.
In unseren Gruppen werden die Kinder gesehen und ernst genommen. Wir stärken ihren Rücken und machen ihnen Mut. Ausreden lassen, gegenseitiges Anschauen und Zuhören sind wichtige Bausteine. Erfolge, und seien sie noch so klein, honorieren wir und loben die Kinder dafür. Wenn es den Kindern nach einiger Zeit gelingt, sich gegenseitig zu loben, dann ist ein großer Meilenstein geschafft.

Kinder sind heute enorm vielen Reizen ausgesetzt. Dies bewirkt oft genug eine Reizüberflutung, die nicht mehr gefiltert werden kann. Unmengen von unverarbeiteten Eindrücken bleiben hängen, die Unruhe produzieren und viele Kinder daran hindern, sich auf eine Sache zu konzentrieren und eine innere Zufriedenheit zu erlangen, die für spätere, z. B. schulische Leistungen aber sehr wichtig ist. Kinder werden in ihren ersten Lebensjahren durch prall gefüllte, beschallte Einkaufszentren geschoben und erleben eine Überzahl an bunten und lauten Reizen.
Eine altersgemäße Babyzeit, um in Ruhe zu strampeln und den Körper sinnlich zu erfahren, bleibt oft auf der Strecke. Wir leben alle in dieser Reizüberflutung und Eltern müssen mit ihren Kindern in dieser lauten und stressigen Welt bestehen, in der es immer schwieriger wird, Ruhe zu finden.
Wenn ich nach ersten Gruppenstunden in meiner Praxis Kinder frage, was sie gestört hat, höre ich sie immer wieder mal über Lautstärke klagen. Der Wunsch nach einer ruhigeren Atmosphäre besteht nicht nur bei den zurückhaltenden Kindern. Auch die, die selbst Unruhe verbreiten, wünschen sich immer wieder Stille. Dürfen sich die Kinder etwas wünschen, so entscheiden sich gerade die älteren für Entspannungs- und Lauschspiele.
Es ist mir ein Anliegen, Ihnen „Handwerkszeug zum Lauschen" anzubieten. Und Sie werden sich wundern, wie dankbar die Kinder die Spiele und Anregungen annehmen werden.

Im folgenden Kapitel geht es um Ruhe und um Zuhören. Und das betrifft nicht nur therapiebedürftige Kinder, sondern alle Kinder, denen das „Lauschen" abhanden gekommen ist und die sich nach Ruhe sehnen.

Wiederkehrende Spiele und Rituale
Wiederholungen sind nützliche Begleiter in unseren Gruppen. Bekanntes gibt den Kindern Sicherheit und hilft ihnen, sich zu orientieren. Nachfolgende Tipps wirken ordnend und bringen immer wieder Ruhe in die Gruppe:

- Halten Sie zu Beginn und am Ende jeder Stunde ein immer wiederkehrendes Begrüßungs- und Abschlussritual ein, z. B.: Die Kinder sitzen im Kreis. Sie klatschen sich abwechselnd auf die Knie und dann in die Hände des rechten und linken Nachbarn. Hierbei wird in Silben jedes Kind begrüßt. „Hal–lo Maike, hal-lo Tan-ja, ..." Schauen Sie jedes Kind beim Nennen seines Namens an und lächeln Sie dabei.
- Alle Kinder werden zum Schluss der Stunde mit einem festen Händedruck, mit einem Blick in die Augen und dem Satz: „Danke fürs Mitmachen, bis zum nächsten Mal" verabschiedet. Ein klarer Anfang und ein klares Ende sind für die Kinder ganz wichtig.

- Zwischendrin schreien wir immer wieder ganz gezielt. Ich animiere zum Schreien, indem ich z. B. ein Licht mit dem Laserpointer an die Decke werfe. Bewegt sich der Punkt, dürfen die Kinder schreien, steht er still, sind auch die Kinder still. Nach dem Schreien sind die Kinder viel aufmerksamer.
- Immer wiederkehrende Aufforderungen bieten den Kindern die Möglichkeit zur Orientierung. Dies können sein:
  - „Ich stehe hier und wer steht hinter mir?“
  - „Ich bin still, wer ist genauso still?“
  - „Das Kind, das ich anschaue, kommt zu mir.“
  - „Das Kind mit dem roten Pullover und der gelben Spange im Haar ist als Nächstes dran.“
  - „Schafft ihr es, eure Stäbe reihum ganz still in die Klangschale zu legen?“ (Dieses Spiel funktioniert auch hervorragend nach dem Frühstück, wenn die Kinder lautlos ihr Besteck forträumen sollen.)
- Immer wieder stellen wir spielerisch das „Tempo-Rädchen“ am Rücken der Kinder ein. Hierzu wird ein imaginärer Knopf gedreht. Beim Balancieren wird er auf ganz langsam gedreht. Bei anderen Aufgaben wird er auf schnell gedreht. Es empfiehlt sich, die Kinder selbst zu fragen, ob ihr Temporad schneller oder langsamer gedreht werden soll, so müssen sie immer wieder in sich hineinspüren.
- An einem anderen imaginären Rad wird die Lautstärke der Kinder geregelt. Kinder, die sehr laut reden, werden so ohne große Worte darauf aufmerksam gemacht, dass ihre Lautstärke gerade nicht angebracht ist. Das ist hilfreich bei allen Kindern, die vergessen, wie laut sie sind.
- Hilfreich ist auch der Zuhörknopf. So muss ich die Kinder nicht zum Zuhören auffordern, sondern drücke einfach auf den imaginären Knopf auf der Schulter, um ihre Aufmerksamkeit zu bekommen.
- Auf ein Signal treffen wir uns alle auf dem Fußboden. Hierzu dient uns eine Klangschale. „Schließt einmal die Augen, ich spiele die Klangschale an. Wer sie nicht mehr hört, öffnet die Augen. Seid dabei ganz leise, denn andere Kinder hören den Ton der Klangschale vielleicht viel länger als ihr.“

Horch mal, was ich fühl

Da steht der König vor einem Rätsel. Wie fühlt sich bloß dieser Klang an?

Alter: ab 4 Jahre
Förderung: Höraufmerksamkeit, Differenzieren, Konzentration
Material: kleine Plastikflaschen, Bastelfolie, verschiedene Tastmaterialien (z. B. Wasser, Silikonperlen, Schrauben, Korken, Luftschlangen, Murmeln, Erbsen, Geldstücke, Raps, Streichhölzer, Spaghetti, Sand), Plastikwannen, Strumpfhosen
Vorbereitung: Plastikflaschen mit Folie umkleben, sodass die Kinder nicht in die Flaschen sehen können; jede Flasche mit einem anderen Material füllen; in die Plastikwannen die gleichen Materialien legen; Strumpfhosen die Beine abschneiden, sodass zwei Löcher zum Fühlen entstehen, und als Sichtschutz über die Wannen ziehen. Kontrollflasche bereitstellen.

Jedes Kind nimmt eine Flasche und schüttelt sie. Es hört genau hin. Dann ertastet es das dazugehörige Material in der Wanne. Anschließend wird die Flasche geöffnet und das Kind darf vergleichen.

Variante

Dieses Spiel kann sehr gut in der Turnhalle gespielt werden. Aus verschiedenen Materialien wird ein Weg gebaut. Auf diesem Weg stehen die Wannen verteilt. Die Kinder folgen zunächst dem Weg und tasten nach Herzenslust. Nach einiger Zeit nehmen sie eine Klangflasche und suchen das dazugehörige Material auf ihrem Wege.

Tipp

Da das Material in den Flaschen sich nicht genauso anhört wie in der Plastikwanne, empfiehlt es sich, unsicheren Kindern eine Kontrollflasche als Hilfestellung zu geben. Hierzu eine leere Plastikflasche bereithalten, die mit dem Material aus den Schüsseln gefüllt werden kann und mit der eigentlichen Flasche verglichen werden darf.
Hinterher die Flasche wieder ausleeren, damit ein anderes Kind die Kontrollflasche benutzen kann.

Lauschkönig

Ohren auf, Herr König, diese Aufgabe ist gar nicht so leicht!

Alter: ab 5 Jahre
Förderung: Höraufmerksamkeit, räumliches Hören
Material: Murmeln, pro Kind 1 Heulrohr, Augenbinde

- Die Kinder sitzen auf ihren Hockern im Kreis.
- Jedes Kind erhält ein Heulrohr und hält es mit beiden Händen fest.
- Die Kinder geben eine Murmel von Rohr zu Rohr weiter.
- Sobald der Transport der Murmel problemlos läuft, beginnt das eigentliche Spiel.
- Der Lauschkönig setzt sich in die Mitte des Kreises.
- Die Augen werden ihm verbunden oder einfach geschlossen.
- Die Kinder lassen die Murmel im Kreis von Rohr zu Rohr wandern.
- Irgendwann gibt die Spielleitung ein Stoppzeichen.
- Daraufhin stellen sich alle Kinder hin und halten das Heulrohr ganz still mit beiden Händen vor sich.
- Der Lauschkönig öffnet die Augen und zeigt auf das Rohr, in welchem er die Murmel vermutet.

Varianten

- Die Kinder geben die Murmel über den Kopf des Königs hinweg von Schlauch zu Schlauch weiter.
- Schwerer wird es, wenn mit zwei Murmeln gespielt wird. So müssen die Kinder ihre Höraufmerksamkeit teilen.

Tipp

Wird mit vielen Kindern gespielt, kann es auch mehrere Lauschkönige geben.

Murmelbank

Kannst du zählen, kleiner König?

Alter: ab 5 Jahre
Förderung: Höraufmerksamkeit, Zählen, Differenzieren
Material: 3 Murmeln, 1 Heulrohr; evtl. mehrere Heulrohre

Die Spielleitung zeigt den Kindern zunächst eine, dann zwei, dann drei Murmeln. Die Kinder benennen die Anzahl der Murmeln.
Dann schließen sie die Augen. Die Spielleitung lässt die Murmeln nacheinander in das Heulrohr plumpsen. Wie viele Murmeln hören die Kinder? Die richtige Zahl wird nicht verraten. Reihum dürfen die Kinder einen Tipp abgeben. Zum Schluss werden die Murmeln aus dem Rohr geholt. Wer hat richtig getippt?

Varianten

- Die Kinder hören sich vorher an, wie es klingt, wenn eine, zwei oder drei Murmeln im Schlauch herumwandern.
- Die Kinder spielen zu zweit.

⊙ Dieses Spiel eignet sich gut für zuhause.

Leuchtklang

Wunderschöne Musik klingt eines Nachts durch das Königreich.

Alter: ab 4 Jahre
Förderung: Höraufmerksamkeit, Konzentration, Blickkontakt
Material: Knicklichter, 1 Klangschale, 1 Taschenlampe; evtl. 1 Schlegel
Vorbereitung: Knicklichter knicken und schütteln, Klangschale und Taschenlampe bereitlegen

Die Spielleitung stellt Klangschale und Knicklichter in die Mitte des Kreises und dunkelt den Raum ab. Jedes Kind darf ein leuchtendes Knicklicht auswählen. Die Spielleitung scheint ein Kind mit der Taschenlampe an und nimmt Blickkontakt mit ihm auf. Dieses schleicht zur Klangschale und spielt sie mit dem Knicklicht an. Die Kinder lauschen dem Klang nach. Das nächste Kind wird angestrahlt und nimmt erneut Blickkontakt auf. So geht es reihum, bis jeder einmal an der Reihe war.

Variante

Die Spielleitung strahlt ein Kind mit der Taschenlampe an. Das Kind steht leise auf, spielt die Klangschale an und holt sich danach leise die Taschenlampe. Dann setzt es sich wieder hin. Ist der Ton verklungen, darf es das nächste Kind anstrahlen, welches dann erneut die Klangschale anspielt, sich die Taschenlampe holt und das Signal weitergibt.

Achtung

Lassen Sie die Kinder niemals unbeaufsichtigt mit den Leuchtstäben spielen. Weisen Sie sie darauf hin, dass sie die Leuchtstäbe nicht in den Mund nehmen und nicht zerbrechen dürfen!

Tipp

Alternativ kann die Klangschale auch mit dem dazugehörigen Schlegel angespielt werden.

gen. Die Spielleitung stellt sich hinter dieses Kind und schlägt das Tamburin auf der rechten oder der linken Seite des Kindes an. Das Kind zeigt auf die Seite, auf der es den Schlag gehört hat, steht auf und nimmt einen Knopf aus der Schale. Dann füttert es damit eine Ente, die auf dieser Flusshälfte schwimmt.

Varianten

- Die Spielleitung schlägt mehrmals auf das Tamburin. Die Kinder zählen die Schläge und bringen den Enten genauso viele Knöpfe.
- Diese Übung kann in Varianten fast in jede Stunde eingebaut werden. Wenn die Kinder z. B. durch einen Tunnel krabbeln sollen, gibt das Tamburin die Seite vor, von welcher aus die Kinder durchklettern sollen.

⊙ Dieses Spiel eignet sich gut für zuhause.

Entenfütterung

Die Enten im Königsteich haben großen Hunger. Die kleinen Könige müssen gut aufpassen, dass jede Ente das richtige Futter bekommt.

Alter: ab 3 Jahre
Förderung: räumliches Hören, Zählen
Material: 1 Seil, 10–12 Gummienten (oder andere Tiere), ca. 40 bunte Knöpfe (oder Legematerial), Schale, Tamburin
Vorbereitung: Das Seil als Trennung auslegen, Enten rechts und links neben das Seil setzen, Schale mit Knöpfen ca. 1 m vor das erste Kind stellen

Die Kinder sitzen hintereinander in einer Reihe. Vor ihnen schwimmen die Enten rechts und links neben dem Seil. Das erste Kind in der Reihe schließt die Au-

Nummernschilder hören

Auch Königskinder müssen sich an Verkehrsregeln halten. Genaues Hinhören und Hinsehen gehören dazu. Natürlich braucht auch jeder Königsflitzer ein gültiges Nummernschild.

Alter: ab 5 Jahre
Förderung: Höraufmerksamkeit, Merkfähigkeit, Differenzieren
Material: Leuchtstift, dicker Filzstift, Blankokarten, evtl. Rollbretter
Vorbereitung: Auf den Blankokarten die Leserichtung mit einem Leuchtstift markieren, dann Reihen mit Punkten und Strichen zeichnen (➔ Vorlage oben). Die Karten im Raum verteilen.

Damit die Kinder dieses Spiel erst einmal verstehen, ist es sinnvoll, zunächst im Stuhlkreis zu spielen. Die Karten liegen dabei aufgedeckt in der Mitte. Die Kinder hören erst mit offenen Augen zu, denn so lernen sie das Zuordnen am besten. Wenn die Kinder sich die Folgen nicht merken können, dürfen sie sich diese aufschreiben. Erst wenn diese leichtere Variante des Spiels gelingt, erhalten die Kinder ein Rollbrett.

- Alle Kinder erhalten Rollbretter und fahren bäuchlings zur Zulassungsstelle, also zur Spielleitung. Hier angekommen schließen sie die Augen.
- Die Spielleitung schlägt auf dem Tamburin eine Reihenfolge, die auf einer der Karten zu sehen ist: Ein Punkt bedeutet einmal schlagen, ein Strich bedeutet einmal über das Tamburin streichen.
- Die Kinder merken sich den Rhythmus und fahren mit dem Rollbrett los. Wer findet im Raum das passende Nummernschild mit der richtigen Zeichenfolge?

⊙ Dieses Spiel eignet sich gut für zuhause.

Und schon geht's los!

Nr. 14

Musik und Text: Rainer Wenzel

Refrain
Komm, wir fahren Auto,
komm, wir fahren Auto,
komm, wir fahren Auto,
und schon geht's los! (2×)
(mit beiden Händen Lenkbewegungen)

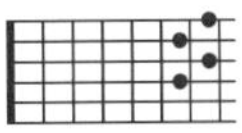

Ddim

1. Mach erstmal die Türe zu,
mach erstmal die Türe zu,
mach erstmal die Türe zu,
und schon geht's los!
Bremsen, schalten, bremsen, schalten,
und dazu das Lenkrad halten,
bremsen, schalten, Lenkrad halten,
und schon geht's los.

Komm, wir …

2. Den Motor hörst du *Brmmm brmmm,*
den Motor hörst du *Brmmm brmmm,*
den Motor hörst du *Brmmm brmmm,*
und schon geht's los!
Die Hupe hörst du *Tütüt,*
die Hupe hörst du *Tütüt,*
die Hupe hörst du *Tütüt,*
und schon geht es los!

Komm, wir …

3. Kurbel mal das Fenster runter,
(mit einer Hand kurbeln)
kurbel mal das Fenster runter,
kurbel mal das Fenster runter,
und schon geht's los!
Mach die Scheibenwischer an,
(mit beiden Armen von rechts nach links und umgekehrt wischen)
mach die Scheibenwischer an,
mach die Scheibenwischer an,
und schon geht es los!

Komm, wir …

4. Huch! Da kommt 'ne Kurve!
(auf die Seite zum Nachbarn legen)
Huch! Da kommt 'ne Kurve!
Huch! Da kommt 'ne Kurve,
und schon geht's los!
Huch! Da kommt 'ne Hoppelstraße!
(auf dem Platz hoppeln)
Huch! Da kommt 'ne Hoppelstraße,
Huch! Da kommt 'ne Hoppelstraße,
und schon geht es los!

Komm, wir …

Tipp
Auch Königskinder lernen wahrscheinlich irgendwann Autofahren. Hier kriegen sie schon einmal eine gute Einführung in den königlichen Fahralltag.

Codewörter

Für sehr viele Dinge benötigen die kleinen Könige und Königinnen Zauberwörter. Wenn sie sie nur nicht vergessen!

Alter: ab 3 Jahre
Förderung: Höraufmerksamkeit, Merkfähigkeit, Differenzieren
Material: weiche Matte, Geräte für einen Parcours (z. B. Schwebebalken, Kriechtunnel, Hocker, Kasten)
Vorbereitung: Einen Parcours vorbereiten, z. B. Schwebebalken aufstellen, Kriechtunnel auslegen, vier Hocker hintereinander als Slalom aufstellen

Die Kinder laufen einen Parcours, der etwa so aussehen könnte: Balancieren über einen Balken, durch einen Tunnel kriechen, Slalom um vier kleine Hocker laufen. Zum Schluss klettern sie auf einen großen Kasten. Um jedoch von diesem tollen Turm springen zu dürfen, muss jedes Kind eine Aufgabe mit einem Zauberwort lösen.
Die Spielleitung steht vor dem Kasten und lässt ihren Arm wie eine Schranke vor dem Kind herunterfahren. Sie nennt ihm zwei oder drei sinnfreie Silben, z. B. Ka-To-Fe oder Ni-ka-so, und verdeckt dabei ihren Mund mit einer Hand, damit das Kind die genannten Silben nicht ablesen kann. Das Kind wiederholt die vorgegebenen Silben. Spricht es sie in der richtigen Reihenfolge nach, geht die Schranke auf und das Kind darf springen. Ansonsten darf es sie wiederholen.

Hinweis
Dieses Spiel kann vor jede beliebige Aufgabe oder in jeden Parcours eingebaut werden. Wird diese Übung geschickt in Spiel, Sport und Alltag eingebaut, verlangen die Kinder irgendwann regelrecht nach den Codewörtern.

⊙ Dieses Spiel eignet sich gut für zuhause.

Doppel-Moppel

Die Codewörter im Königreich werden immer schwerer. Konzentration ist gefragt.

Alter: ab 4 Jahre
Förderung: Höraufmerksamkeit, Differenzieren
Material: 1 Kriechtunnel, 1 Matte
Vorbereitung: Die Matte vor den Kriechtunnel schieben, so dass der Weg versperrt ist.

Bevor die Kinder Zugang zum geheimen Kriechtunnel erhalten, müssen Codewörter geknackt werden. Das Kind sitzt auf seinen Knien auf dem Fußboden. Rechts und links vom Kind sitzt jeweils ein/e ErzieherIn. Es wird mit zweisilbigen Wörtern begonnen. Auf ein Zeichen hin sagen die beiden ErzieherInnen gleichzeitig zwei unterschiedliche zweisilbige Wörter, z. B. Ra-be und Tul-pe. Die Wörter werden langsam und deutlich gesprochen. Das Kind soll diese erkennen und wiedergeben. Sind beide Wörter erkannt und richtig wiedergegeben worden, wird der geheime Gang geöffnet und das Kind kann hindurch krabbeln.

Variante
Erschwert wird dieses Spiel, indem mehrsilbige Wörter gesprochen werden.

Hinweis
Dieses Spiel kann vor jede Aufgabe oder in jeden Parcours eingebaut werden.

Tipps
- Es gibt Kinder, die mit dieser Aufgabe große Schwierigkeiten haben. Dann spricht eine ErzieherIn laut und die andere leise jeweils ein Wort. Hat das Kind ein Wort gut erkannt, wird das nicht erkannte Wort laut gesprochen und das erkannte nur geflüstert.

- Eventuell hat das Kind beide Wörter erkannt, das erste jedoch schon wieder vergessen. Dann wird der Vorgang wiederholt. Klappt es noch immer nicht, sollte auf jeden Fall geschickt geholfen werden, indem eine ErzieherIn einen Tipp gibt oder auf den genannten Gegenstand zeigt.

⊙ Dieses Spiel eignet sich gut für zuhause.

Regenbogen

Nr. 4

Musik und Text: Rainer Wenzel

Melodie 1

Komm und schau mal her,
weit dort überm Meer,
über den Wogen:
ein Regenbogen!

Ein Maler hat mit vielen Farben
gemalt ihn in das Himmelszelt.
Er zeigt uns nur in Augenblicken
die Farben uns'rer ganzen Welt.

Melodie 2
Grad war er da und war so schön!
Schon ist er weg, nicht mehr zu sehn.
Wir malen einen, der bleibt hier.
Wir malen ihn auf ein Papier.

Ich nehme Rot, ich nehme Grün,
so wie manche Blumen blühn,
Orange und Lila, Gelb und Blau.
Nun ist er fertig, komm und schau.

Melodie 1
Mein Regenbogen ist so schön,
er bleibt bei mir und geht nicht fort.
Doch am schönsten anzusehn
ist der am Himmel dort.

Komm und schau mal her …

Regenbogenwerfer

Kleiner König, aufgepasst, gleich gibt es tolle Regenbögen! Gut hinhören und schnell reagieren!

Alter: ab 4 Jahre
Förderung: Höraufmerksamkeit, Differenzieren, Handmotorik, Kraftdosierung
Material: pro Kind 1 Stück Stoff (ca. 20 × 20cm) und 10 Bohnen, Wolle, Krepppapier, „Regenbogen" (CD Nr. 4)
Vorbereitung: Vier bunte Kreppstreifen in einer Länge von ca. 2 m und einer Breite von ca. 10 cm abschneiden (am besten direkt von der Krepppapierrolle abschneiden)

- Jedes Kind bastelt sich seinen eigenen Regenbogenwerfer. Dazu erhält es ein Stück Stoff.
- In den Stoff wickelt es 10 Bohnen und bindet den Stoff oben wie ein Säckchen mit einem Wollfaden zu, sodass noch etwa 15 cm des Fadens an beiden Seiten des Knotens übrig bleiben.
- Die vier bunten Krepppapierstreifen werden aufeinander gelegt und an einer Seite an den Bohnensack geknotet. Fertig ist der Regenbogenwerfer.

Eingeführt wird dieses Spiel durch das Lied „Regenbogen" (→ S. 76), das die Kinder ruhig auf das Thema einstimmt.

Die Kinder stehen in einer Reihe. Jedes Kind hält seinen Regenbogenwerfer in den Händen. Ein Signalwort wird vereinbart, z. B. „Schmetterling". Die Spielleitung erzählt den kleinen Königen eine Geschichte (→ S. 78). Immer wenn sie das Wort „Schmetterling" hören, schleudern die kleinen Könige den Regenbogenwerfer durch die Luft.

Es waren Ferien. Robert wollte sich mit seinen Freunden auf dem Fußballplatz treffen. Mit dem Ball unter dem Arm machte er sich auf den Weg. Aber gerade als er aus der Tür treten wollte, setzte sich ein kunterbunter ***Schmetterling*** *mitten auf seine Nase. Robert musste herzhaft niesen und der* ***Schmetterling*** *flog in hohem Bogen davon. Verwundert rieb sich Robert am Ohr. Das machte er immer so, wenn er etwas nicht recht verstand. Denn als der* ***Schmetterling*** *wegflog, hörte man ein lautes Schimpfen, das eindeutig von dem kleinen bunten Flieger stammte. Und als Robert sich die Nase fertig geputzt hatte, traute er seinen Augen nicht. Der* ***Schmetterling*** *flog geradeaus zurück, drehte noch zwei Loopings und setzte sich einfach wieder auf Roberts Nase.*

Variante
Die Spielleitung spricht in Quatschsprache bestehend aus lauter Silben, die aber keinen Sinn ergeben, z. B. Kafolatinorezunifopata**gummibär**folinokolafesiho. Sobald die Kinder in dieser wilden Sprache ein Wort erkennen, das es wirklich gibt, schleudern sie den Regenbogenwerfer.

⦿ Dieses Spiel eignet sich gut für zuhause

Klopfer

Herbst im Königreich. Der Wind hat alle Kastanien vom Baum geweht. Könnt ihr sie wieder einsammeln?

Alter: ab 5 Jahre
Förderung: Höraufmerksamkeit, Zählen
Material: pro Kind 1–2 Becher, Korb, Kastanien, Tamburin

Die Spielleitung stellt in die Mitte des Raumes einen Korb mit Kastanien. Jedes Kind erhält einen Becher. Die Kinder schließen die Augen. Die Spielleitung schlägt mehrmals auf ein Tamburin und gibt damit vor, wie viele Kastanien geholt werden sollen. Alle flitzen los und legen die angegebene Anzahl in ihren Becher.

Variante
Schwerer wird dieses Spiel, wenn die Kinder zwei vorgeklopfte Zahlen hören und sich merken müssen. Hierzu benötigen sie zwei Becher, einen für jede Hand. Die Spielleitung klopft zunächst die Zahl für die rechte Hand vor, z. B. vier. Danach folgt die Zahl für die linke Hand, z. B. sechs. Die Kinder stehen auf und holen sich die gewünschte Anzahl Kastanien aus dem Korb und legen diese in die Becher. In diesem Falle vier für den rechten Becher, sechs für den linken. Wer hat gut aufgepasst und es richtig gemacht?

⦿ Dieses Spiel eignet sich gut für zuhause.

Murmelsilben

So ein Durcheinander. Alle Gegenstände sind im königlichen Spielzimmer durcheinandergeraten. Wer hilft, sie zu ordnen?

Alter: ab 5 Jahre
Förderung: Höraufmerksamkeit
Material: ca. 20 verschiedene Gegenstände (z. B. Auto, Zahnbürste, Kastanie, Würfelzucker, Buch, Löffel, Schraubenzieher)

Auf dem Fußboden liegen viele verschiedene Gegenstände. Die Spielleitung klatscht z. B. dreimal und gibt damit die Zahl 3 vor. Die Kinder flitzen los und holen einen Gegenstand mit drei Silben.

⊙ Dieses Spiel eignet sich gut für zuhause.

Silbenmurmeln

Wer richtig hinhört, kann viele tolle Murmeln sammeln.

Alter: ab 5 Jahre
Förderung: Höraufmerksamkeit
Material: mind. 20 Becher, 80 Murmeln (oder Bohnen), Tamburin, „Kaakuuri, der Zaubervogel" (Nr. 10)
Vorbereitung: Im Raum mindestens 20 Becher umgedreht aufstellen, unter jeden Becher 1–6 Murmeln legen

Die Königskinder laufen zur Musik „Kaakuuri, der Zaubervogel" um die Becher herum. Die Spielleitung stoppt die Musik. Alle bleiben stehen, bewegen sich nicht mehr und spitzen die Ohren. Die Spielleitung klopft eine Zahl auf dem Tamburin vor. Die Kinder rennen los und suchen einen Becher mit der gewünschten Anzahl Murmeln. Wer findet ihn?

⊙ Dieses Spiel eignet sich in leicht abgewandelter Form gut für zuhause.

Silbenflitzer

Alter: ab 5 Jahre
Förderung: Höraufmerksamkeit, Silbensegmentieren
Material: 20 Pappschalen, Murmeln (oder Bohnen), Tamburin, ca. 20 verschiedene Gegenstände (z. B. Auto, Zahnbürste, Kastanie, Würfelzucker, Buch, Löffel, Schraubenzieher), Signalglocke, Decke

Vorbereitung
Die Spielleitung spielt einem Kind auf dem Tamburin eine Zahl zwischen 1 und 6 vor. Das Kind nimmt sich die entsprechende Anzahl der Murmeln und legt sie unter eine umgedrehte Pappschale. Das nächste Kind erhält eine andere Zahl. Schließlich stehen im Raum etwa 20 umgedrehte Schalen mit einer unterschiedlichen Anzahl von Murmeln darunter. Auf eine Decke werden viele verschiedene Gegenstände gelegt.

Spielverlauf
Alle kleinen Könige und Königinnen sitzen um die vielen verschiedenen Gegenstände herum. Ein Kind beginnt und sucht sich einen Gegenstand aus, den es benennt. Alle Kinder klatschen den Namen dieses Gegenstandes gemeinsam, z. B. Ei-sen-bahn. Wie oft haben wir geklatscht? Gemeinsam überlegen die Kinder. Haben sie sich auf eine Zahl geeinigt, ertönt die Signalglocke. Blitzschnell rennen alle los. Wer hat als erster einen Becher mit der gewünschten Anzahl Murmeln gefunden?

⊙ Dieses Spiel eignet sich gut für zuhause.

Schnell!

Tempo, kleiner König. Wer schnell ist, kann viel kaufen. Also, Ohren auf und los!

Alter: ab 4 Jahre
Förderung: Höraufmerksamkeit, Merkfähigkeit
Material: ca. 20 verschiedene Gegenstände (z. B. Auto, Zahnbürste, Kastanie, Würfelzucker, Buch, Löffel, Schraubenzieher), 1 Seil, 1 Laufmaus (die eine Schräge herunterläuft) oder 1 Klapperspecht (der an einer Stange herunterklappert)
Vorbereitung: Die 20 Gegenstände auf dem Fußboden an einer Stelle häufen, Laufmaus oder Specht bereitlegen, ein Seil als Startlinie auf den Boden legen

Die Kinder sitzen im Abstand von etwa drei Metern vor einem Berg verschiedener Gegenstände. Die Spielleitung nennt einem Kind zwei Dinge, die es einkaufen soll. Das Kind wiederholt diese beiden Gegenstände und stellt sich an die Startlinie, die durch das Seil gekennzeichnet ist. Gleichzeitig mit dem Königskind läuft die Maus (oder der Specht) los. Wer ist schneller im Ziel, die Maus (bzw. der Specht) oder das Kind mit dem vollständigen Einkauf? Ist der Einkauf abgeschlossen, bringt das Kind die Gegenstände in die gehörte Reihenfolge.
Gelingt dieses Spiel mit zwei Gegenständen, kann die Menge des Einkaufs erhöht werden.

Variante für Jüngere
Die Kinder schauen zu Beginn die Gegenstände an und benennen sie, damit die Bezeichnungen geklärt sind.

Hinweis
Den Kindern macht es viel Spaß, die Maus oder den Specht selbst zu starten.

⊙ Dieses Spiel eignet sich gut für zuhause.

Ich sehe was, was du nicht siehst

Sehen und Hinsehen

Im vorherigen Kapitel sind wir schon auf die Überreizung der Fernsinne eingegangen. Insbesondere das Auge wird häufig mit schnellen Bildfolgen über die Medien sehr beansprucht. Gesehenes muss ausreichend verarbeitet werden und nicht jedem Kind gelingt es, angemessen mit der visuellen Reizüberflutung umzugehen.
Immer wieder höre ich von LehrerInnen, dass Kinder ihre Augen nicht auf das Wesentliche konzentrieren. Es gelingt ihnen nicht, Wichtiges von Unwichtigem zu unterscheiden. Blickkontakt kann nicht mehr aufgenommen werden. Beim Lesenlernen schweifen die Augen ab. Abschreiben fällt schwer.
Die Spiele in diesem Kapitel fordern die Kinder auf, genau hinzusehen, sich auf das Wichtige zu konzentrieren und mit den Augen zu folgen. Das ist eine Grundvoraussetzung für konzentriertes Arbeiten.

Anregungen für den Alltag

- Lassen Sie Ihr Kind die Spülmaschine ausräumen.
- Lassen Sie Ihr Kind Besteck einräumen.
- Bitten Sie Ihr Kind beim Einkaufen, etwas Bestimmtes für Sie aus dem Regal zu suchen.
- Lassen Sie es Socken zusammenlegen, Wäsche sortieren, einen bestimmten Buchstaben aus der Buchstabensuppe löffeln, Namen suchen.
- Lassen Sie es etwas auf dem Tisch suchen.
- Lassen Sie Ihr Kind den Tisch decken.
- Lassen Sie Ihr Kind Schrauben, Gummibärchen, Knöpfe, Legosteine, Socken sortieren.
- Lassen Sie Ihr Kind beim Früchteernten (z. B. Erdbeeren) helfen.
- Lassen Sie Ihr Kind gleiche Käsehappen oder Fruchtspieße suchen, Russisch Brot ordnen und essen, Keks-Zootiere ordnen.
- Lassen Sie Ihr Kind einen eckigen Knopf aus runden Knöpfen, einen Buntstift aus Filzstiften heraussuchen.
- Puzzeln Sie mit Ihrem Kind, ordnen Sie Randteile und Mittelteile.
- Bauen Sie miteinander mit Bausteinen, Lego, Duplo, Murmelbahnen.
- Geben Sie Ihrem Kind Kartons, große Handtücher, Decken, Wäscheklammern und Seile, lassen Sie es Höhlen bauen.
- Zeigen Sie Ihrem Kind einen Kreis und lassen Sie es alle Kreise, die es im Haus finden kann, mit Klebepunkten markieren. Verfahren Sie ebenso mit anderen Formen.
- Lassen Sie Ihr Kind mit verschiedenen Behältern spielen. Das Umschütten von Reis, Sand und Erbsen fördert Ihr Kind. Es macht Erfahrungen mit Mengen. Diese Spiele eignen sich gut für die Badewanne.

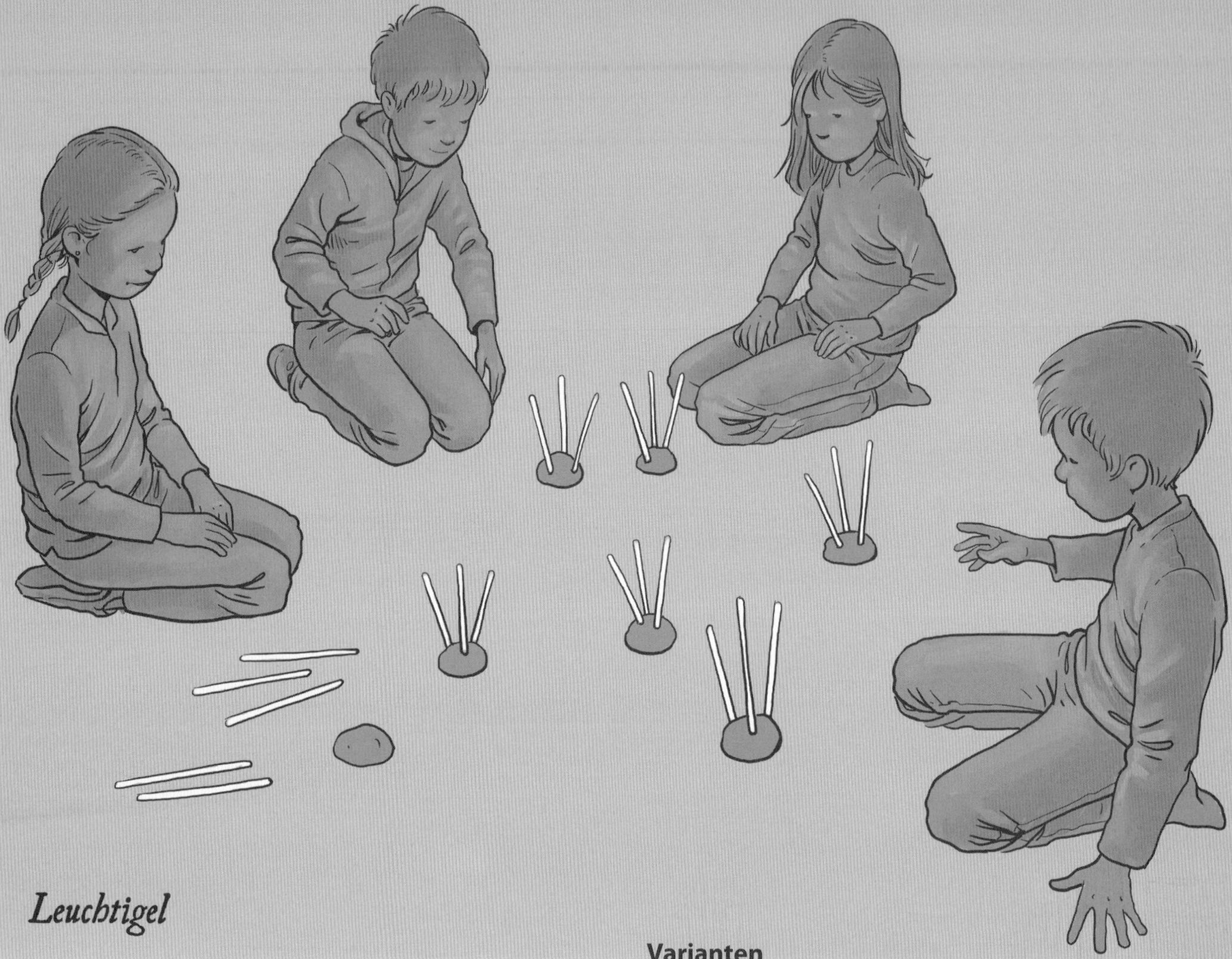

Leuchtigel

Im königlichen Garten wohnen ganz besondere Igel. Sie leuchten des Nachts um die Wette. Sieht das schön aus!

Alter: ab 3 Jahre
Förderung: visuelle Wahrnehmung, Farben erkennen
Material: Ton, Handtücher, ca. 30 Knicklichter (oder farbige Strohhalme) in unterschiedlichen Farben, Taschenlampe
Vorbereitung: Ton in Klumpen reißen, Handtücher bereitlegen, Knicklichter knicken, Raum abdunkeln, Taschenlampe für den Notfall bereitlegen

Die kleinen Könige erhalten ein Stück Ton und rollen es zu einer Kugel. Die Spielleitung zaubert aus ihrer Tonkugel einen Leuchtigel, indem sie drei Knicklichter mit unterschiedlichen Farben in die Kugel steckt. Die Kinder bestücken ihre Kugel mit den gleichen Farben. Finden sie alle die gleichen Farben?

Varianten

- Die Spielleitung zaubert einen Leuchtigel mit drei verschiedenen leuchtenden Stacheln. Die Kinder schauen sich den Igel an. Dann verschwindet der Igel hinter dem Rücken der Spielleitung. Haben die Kinder sich die Farben gemerkt? Sie bestücken ihren Igel mit den gleichen farbigen Stacheln. Zur Kontrolle krabbelt der Igel wieder hervor.
- Die Kinder schließen die Augen. Die Spielleitung vertauscht einen Leuchtstab ihres Igels. Die Kinder öffnen die Augen, vergleichen die Farben und korrigieren ihren Igel.
- Soll es anspruchsvoller werden, erhöhen Sie die Anzahl der Stacheln (Leuchtstäbe).

Achtung

Lassen Sie die Kinder niemals unbeaufsichtigt mit den Leuchtstäben spielen. Weisen Sie die Kinder darauf hin, dass sie die Leuchtstäbe nicht in den Mund nehmen und nicht zerbrechen dürfen!

Schaumbilder

Auf den königlichen Zauberbildern sind viele wunderbare Dinge zu erkennen. Ganz schnell können diese wieder gelöscht werden und neue Bilder entstehen. Nur wer aufpasst, kann Punkte holen.

Alter: ab 4 Jahre
Förderung: visuelle Wahrnehmung, Figur-Grund-Unterscheidung, taktile Wahrnehmung, Auge-Hand-Koordination
Material: Matte, Tisch oder Spiegel, Rasierschaum, Handtücher

- Die Kinder bemalen eine Matte, einen Tisch oder einen Spiegel mit Rasierschaum. Die ganze Fläche sollte möglichst gleichmäßig weiß aussehen. Zum Malen benutzen sie beide Hände.
- Die Kinder werden in zwei Mannschaften aufgeteilt. Eine Mannschaft geht vor die Tür und wartet.
- Das erste Kind der Mannschaft, die im Raum geblieben ist, malt eine einfache Form in den Schaum, z. B. einen Kreis, ein Dreieck oder ein Viereck.
- Das zweite Kind malt eine weitere einfache Form, die an mindestens einer Stelle die erste Form kreuzt.
- Das dritte Kind malt eine Form, die sich auch irgendwo mit den anderen Figuren überschneidet.
- Die gegnerische Mannschaft wird in den Raum geholt.
- Welche Formen erkennen die Kinder?
- Jede einzelne Form wird von einem Kind mit dem Finger umrandet, das ergibt einen Punkt.
- Dann werden die Rollen getauscht. Die Mannschaft mit den meisten Punkten hat am Ende gewonnen.

Variante für Ältere
Die Kinder malen Buchstaben und Zahlen, die sich überkreuzen, in den Schaum.

Handsalat

Wer hat denn da so herumgeschmiert? Lauter Handabdrücke auf der königlichen Wand.

Alter: ab 4 Jahre
Förderung: visuelle Wahrnehmung, Figur-Grund-Unterscheidung, Auge-Hand-Koordination
Material: 1 große Pappe, Stift, Klebeband, Laserpointer, evtl. Brett, 6–8 kleine Tierbilder

- Die Kinder sitzen auf den Knien auf dem Fußboden um eine große Pappe herum.
- Ein Kind legt eine Hand auf die Pappe und umrandet mit einem Stift die eigene Hand.
- Nacheinander umranden alle weiteren Kinder ihre Hände. Die Handumrisse der Kinder sollen sich an einigen Stellen kreuzen.
- Die Pappe wird an die Wand geklebt.
- Das Kind, das als erstes seine Hand umrundet hatte, nimmt einen Laserpointer und umrandet mit dem Laserpunkt seinen Handumriss.
- Aufpassen, nur der Umriss der eigenen Hand soll umrundet werden!

Varianten

- Statt der Hände malen die Kinder verschiedene kleine Bilder auf die Pappe, die sich an einigen Stellen kreuzen.
- Auf ein großes Brett werden am oberen Rand Bilder von Tieren geklebt. Sie müssen über verschiedene Wege zu ihrem Futter gelangen. Hierzu wird von jedem Tier aus eine verschlungene Linie gezogen bis an den unteren Rand des Blattes. Am Ende einer jeweiligen Linie ist das dazugehörige Futter der jeweiligen Tiere gezeichnet. Wichtig ist, dass die einzelnen Linien, die Tiere und Futter verbinden, sich an einigen Stellen kreuzen.

Das erste Kind sucht sich ein Tier aus, scheint es mit dem Laserpointer an und folgt dem Weg. Findet es das richtige Futter oder verläuft sich das Kind in dem Linienchaos?

Hinweis
Laserpointer sind mit integrierter Taschenlampe schon für wenig Geld zu erhalten.

Achtung
Die Kinder sollten den Laserpointer nur unter Aufsicht benutzen.

⊙ Dieses Spiel eignet sich gut für zuhause.

Meine Hände, deine Hände

Oh je, alle Hände sind durcheinandergeraten. Wem gehört denn jetzt welche Hand? Schaut genau hin und ratet mal.

Alter: ab 3 Jahre
Förderung: visuelle Wahrnehmung, Figur-Grund-Unterscheidung
Material: –

Die Kinder sitzen ganz nah beieinander auf ihren Knien im Kreis. Sie schließen die Augen. Die Spielleitung nimmt jeweils zwei Hände der Kinder und verbindet sie miteinander. Dabei übt sie einen kräftigen Druck auf die beiden Hände aus, die verbunden werden sollen. Durch den ausgeübten Druck wissen die Kinder, dass sie nicht mehr loslassen sollen. Dann verbindet sie weitere zwei Hände. Wenn alle Kinderhände verbunden sind, öffnen die Kinder ihre Augen. Wer erkennt, mit wem er verbunden ist?

König Blitzeschnell

Kleine Könige müssen schnell reagieren können. Bei diesem Spiel wird ihre Reaktionsfähigkeit geschult.

Alter: ab 4 Jahre
Förderung: visuelle Wahrnehmung, Figur-Grund-Unterscheidung, Reaktionsfähigkeit, beidhändiges Arbeiten
Material: Memorykarten; evtl. 1 Decke

Die Memorykarten werden gut gemischt mit der Bildseite nach oben auf dem Fußboden in der Kreismitte verteilt. Die kleinen Könige und Königinnen sitzen auf ihren Knien auf dem Fußboden im Kreis. Sie nehmen die Hände hinter den Rücken. Nun heißt es: „Auf die Plätze, fertig, los!" Alle Kinder sammeln so schnell sie können möglichst viele Bildpaare. Wer hat die meisten Pärchen erwischt?

Variante
Die Kinder suchen Memorypaare. Jeweils eine Karte geben sie der Spielleitung. Die anderen Karten legen sie auf eine Decke. Alle Kinder setzen sich auf Knien um die Decke herum und nehmen die Hände auf den Rücken. Die Spielleitung zeigt den Kindern eine Karte. Wer findet das passende Gegenstück? Das Kind mit den meisten Karten am Ende gewinnt.

⊙ Dieses Spiel eignet sich gut für zuhause.

Memory-Grabsch

Um noch schneller zu werden, trainieren die kleinen Könige ihre Reaktionsfähigkeit mit diesem Spiel!

Alter: ab 4 Jahre
Förderung: visuelle Wahrnehmung, Figur-Grund-Unterscheidung, Reaktionsfähigkeit, beidhändiges Arbeiten
Material: 40–50 Memorykarten in Paaren

- Die Memorykarten werden verdeckt auf den Tisch gelegt.
- Das erste Kind dreht zwei Karten um.
- Gehören sie zusammen, darf es die Karten behalten. Passen sie nicht, legt es sie aufgedeckt auf den Tisch.
- Das nächste Kind dreht zwei Karten um.
- Passen die zwei aufgedeckten Karten zusammen oder stimmt ein Motiv mit einem bereits umgedrehten Motiv überein?
- Passt eine Kombination, wird „zugeschnappt", indem die Kinder blitzschnell die flachen Hände auf die Paare legen. Passen die umgedrehten Karten nicht, werden die nächsten zwei umgedreht.

⊙ Dieses Spiel eignet sich gut für zuhause.

Krempelkorb

Die Könige üben ihre Augen, denn ein jeder König muss gut sehen können.

Alter: ab 3 Jahre
Förderung: visuelle Wahrnehmung, Figur-Grund-Unterscheidung, Reaktionsfähigkeit
Material: 1 großer Korb, ca. 25 verschiedene Gegenstände in Paaren (z. B. 2 Löffel, 2 Bausteine, 2 Luftballons); evtl. Becher oder kleine Schalen
Vorbereitung: Den Korb mit allerlei Krempel füllen. Alle Dinge müssen doppelt vorhanden sein.

Die Kinder setzen sich um den Korb herum. Das erste Kind schaut in den Korb und sucht zunächst nur mit den Augen nach zwei gleichen Dingen. Hat es ein Pärchen gefunden, darf es dieses mit den Händen herausnehmen. Findet das Kind nichts, darf es den Korb einmal schütteln und nochmals schauen.

Varianten
Dieses Spiel kann sehr variabel eingesetzt werden, hier ein paar Anregungen:

- Den Krempelkorb in einen Parcours einbauen. Die Schranke am Start geht nur hoch, wenn zwei gleiche Dinge vom Kind gefunden werden.
- Im Stuhlkreis werden die Kinder mit Namen aufgerufen, z. B. um die Anwesenheit der Kinder festzustellen. Jedes aufgerufene Kind geht zum Krempelkorb in der Mitte und sucht zwei gleiche Dinge heraus. Dann darf das Kind sich wieder setzen. Zum Schluss erzählt jedes Kind, was es sich ausgesucht hat.
- Die Kinder suchen sich zwei gleiche Dinge aus und formulieren einen Satz dazu. Ältere Kinder erfinden eine Geschichte dazu.
- Alle Kinder suchen sich nacheinander zwei gleiche Dinge aus dem Krempelkorb. Alle Gegenstände werden benannt und auf einen Tisch gelegt. Die Spielleitung mischt alles ordentlich durch. Nun werden Becher oder kleine Schalen über die Gegenstände gestülpt, sodass von den Dingen auf dem Tisch nichts mehr zu sehen ist. Die Kinder dürfen jetzt wie beim Memory nacheinander jeweils zwei Becher hochheben. Stimmen die Gegenstände unter ihrem Becher überein, werden die Becher aus dem Spiel genommen und das Kind sammelt seine gewonnenen Gegenstände. Wer ein Pärchen hat, darf noch einmal zwei Becher hochheben. Stimmen die Gegenstände nicht überein, werden die Becher wieder hingestellt und das nächste Kind ist an der Reihe.
- Alle Kinder nehmen zwei gleiche Gegenstände aus dem Korb und legen sie auf den Tisch. Die Kinder stehen um den Tisch und nehmen die Hände hinter den Rücken. Nun heißt es aufgepasst. Die Spielleitung erzählt eine Geschichte. Kommt ein Gegenstand in der Geschichte vor, der auf dem Tisch liegt, so greifen sich die Kinder diesen schnell. Die zwei schnellsten bekommen einen Punkt.

⊙ Dieses Spiel eignet sich gut für zuhause.

Was – wozu – warum?

So ein Chaos. Im Palast ist alles durcheinandergeraten. Wer kann dem König helfen, wieder Ordnung in den Palast zu bekommen?

Alter: ab 4 Jahre
Förderung: visuelle Wahrnehmung, Figur-Grund-Unterscheidung, logisches Denken
Material: verschiedene Gegenstände, die in Beziehung zueinanderstehen (z. B. Schere und Papier, Füller und Patrone, Anspitzer und Bleistift, Schuh und Schnürband, Kerze und Streichhölzer, Spardose und Geldstück, Socke und Wäscheklammer, Teebecher und Teebeutel), 1 Schere, 1 Knäuel Wolle

Vorbereitung: Die Gegenstände, die in Beziehung zueinander stehen, auf dem Fußboden verteilen. Schere und Wolle bereitlegen

Im Raum sind viele Dinge verteilt. Jeweils zwei Gegenstände stehen in Beziehung zueinander. Die Kinder schauen sich diese Gegenstände an und verbinden sie mit einem Faden. Sind alle Gegenstände miteinander verbunden, erklären die Kinder, worin sie die Beziehung sehen.

⊙ Dieses Spiel eignet sich gut für zuhause.

Deckelschatz

Wer den passenden Deckel findet, darf eine königliche Aufgabe lösen.

Alter: ab 4 Jahre
Förderung: visuelle Wahrnehmung, Konzentration, Handmotorik, beidhändiges Arbeiten, Handkraft
Material: ca. 20 verschiedene Gläser mit passenden Deckeln, Vorschulbögen, Stifte, evtl. 1 große Wanne, Tastmaterial (z. B. Bohnen, Styroporchips), Glasnuggets, Schwebebalken, Angel, Faden, 1 Magnet pro Kind
Vorbereitung: Vorschulbögen kopieren und in die Gläser stecken, die Deckel auf dem Boden verteilen, Stifte bereitlegen

Die Kinder nehmen einen Deckel und suchen das dazugehörige Glas. Wer einen passenden Deckel gefunden hat und sein Glas verschließen kann, darf davor den Bogen herausnehmen und die Aufgabe lösen.

Varianten

- Die Deckel in einer großen Wanne mit Tastmaterial (Bohnen oder Styroporchips) verstecken.
- Die Kinder suchen die Deckel heraus und das passende Glas dazu. Jüngere Kinder erhalten Hilfe dabei. Zur Belohnung liegt in jedem Glas ein Glasnugget.
- Die Kinder stehen auf einem Schwebebalken und angeln mit einer langen Angel die Deckel der Gläser.
- Die Kinder angeln die Deckel der Gläser mit dem Mund. Dazu wird ein Faden an einem Magneten befestigt. Jedes Kind erhält seinen eigenen Magneten.

Die Spielvariation mit den Bohnen und Muggelsteinen entpuppte sich beim letzten Sommerfest als Renner!

Praxistipp
Heben Sie große Mengen an Tastmaterial bitte auf, denn sie eignen sich hervorragend für freie Angebote. Die Kinder benötigen keine Vorgaben und probieren sich einfach aus.
Ein paar Beispiele:

- Die Kinder setzen, legen oder stellen sich in das Tastmaterial.
- Ein Rohr wird damit gefüllt oder es läuft durch verschiedene Röhren.
- Ein Eimer wird gefüllt und über die Füße oder den Rücken der Kinder geleert.
- Autos werden beladen.
- Schüsseln werden mit Kellen oder Löffeln befüllt.
- Schätze werden herausgesucht.
- Straßen werden gebaut.

Gummibandmikado

Wer hat die ruhigste Hand und gewinnt den königlichen Wettbewerb im Gummibandmikado?

Alter: ab 5 Jahre
Förderung: visuelle Wahrnehmung, Figur-Grund-Unterscheidung, Auge-Hand-Koordination, Kraftdosierung, beidhändiges Arbeiten
Material: Holzbrett, ca. 20 Nägel, Gummibänder in verschiedenen Stärken, Essstäbchen; evtl. Dämmmaterial aus Styropor

Die Kinder schlagen zwanzig Nägel gleichmäßig verteilt in ein Brett. Sie setzen sich um das Nagelbrett herum und spannen über die Nägel kreuz und quer Gummibänder in verschiedenen Längen und Stärken. Mithilfe zweier Essstäbchen nehmen die Kinder die Gummibänder ab. Wer schaut genau hin und findet ein Gummiband, das oben liegt und sich gut abnehmen lässt? Flitscht ein Gummiband weg, ist es verloren. Das Kind, das die meisten Gummibänder abnehmen kann, hat gewonnen.

Variante für Jüngere
Da ihnen das Einschlagen der Nägel oftmals schwerfällt, statt des Holzbrettes für Jüngere auf Dämmmaterial zurückgreifen.

⊙ Dieses Spiel eignet sich gut für zuhause.

Formenbauer

Könige aufgepasst! Wer baut das richtige Bild nach?

Alter: ab 3 Jahre (freies Bauen), ab 5 Jahre (vorgegebene Bilder)
Förderung: visuelle Wahrnehmung, Erkennen der Raumlage
Material: unterschiedliche Fugenkreuze (Baumarkt), Behälter, Blankokarten
Vorbereitung: Behälter mit unterschiedlichen Fugenkreuzen füllen und in die Kreismitte stellen; auf Blankokarten Fugenkreuze kleben

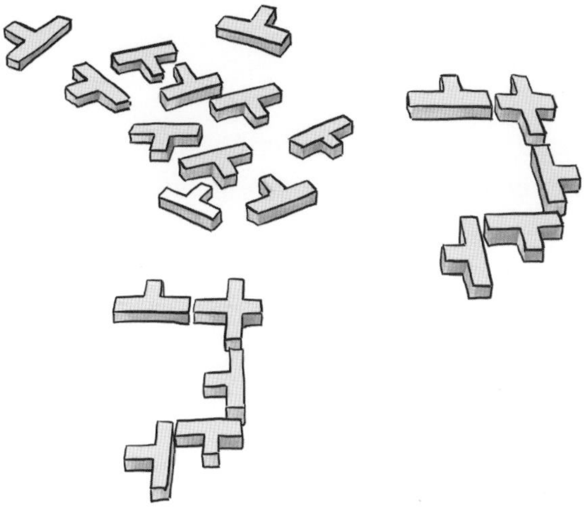

Die Kinder sitzen zu zweit nebeneinander auf den Knien auf dem Fußboden. Das erste Kind zieht eine Karte mit aufgeklebten Fugenkreuzen. Es sucht die angegebenen Fugenkreuze aus dem Behälter. Jetzt legt es das vorgegebene Muster auf den Fußboden vor sich. Das Partnerkind wartet, bis es seine Arbeit beendet hat. Dann baut es das Muster nach.

Varianten
- Die Kinder schließen die Augen. Die Spielleitung klopft eine Zahl vor. Die Kinder holen die vorgegebene Anzahl Fugenkreuze und bauen nach den oben beschriebenen Regeln. So wird bei einem visuellen Spiel ganz nebenbei die Höraufmerksamkeit geschult.
- Die Kinder ziehen eine Blankokarte mit aufgeklebten Fugenkreuzen und ertasten mit geschlossenen Augen die vorgegebenen Formen. Die Kinder suchen die ertasteten Formen aus einer Schüssel und legen das Bild damit nach. Dann kontrollieren sie ihr Bild mit der Karte.
- Die Kinder bauen aus Fugenkreuzen Straßen, die sie später mit Spielautos befahren.

Variante für Jüngere
Es ist sinnvoll, die Kinder zunächst einfach nach ihren Vorstellungen bauen und Erfahrungen sammeln zu lassen.

⊙ Dieses Spiel eignet sich gut für zuhause.

Fliegende Flummis

Achtung, Könige aufgepasst! Im Königreich hüpfen lauter tanzende Gummibälle durcheinander. Wer fängt sie ein?

Alter: ab 4 Jahre
Förderung: visuelle Wahrnehmung, Figur-Grund-Unterscheidung, Auge-Hand-Koordination, Konzentration
Material: 1 kleiner Kasten, ca. 50 Flummis, 1 Korb; evtl. Eimer in versch. Farben
Vorbereitung: den Korb in die Mitte stellen, einen Flummi besonders kennzeichnen

Die Spielleitung stellt sich auf einen Kasten. Die Kinder stehen im Abstand von etwa zwei Metern von diesem Kasten entfernt verteilt im Raum. Die Spielleitung wirft die Flummis nacheinander auf den Fußboden. Die Kinder fangen so viele Flummis wie möglich und legen sie in den Korb. Dabei dürfen nur hüpfende Flummis gefangen werden. Bereits auf dem Boden liegende Flummis sind verloren.

Varianten

- Erschwert wird dieses Spiel, wenn bestimmte Flummis nicht gefangen werden dürfen, z. B. die roten und die gelben.
- Die Kinder sortieren rote Flummis in den roten Eimer und gelbe Flummis in den gelben.
- Ein besonders gekennzeichneter Flummi gibt einen Gewinn oder mehr Punkte als die anderen.

Fang dir einen, fang dir zwei

Nr. 11
Musik und Text: Rainer Wenzel

1. Sterne funkeln in der Nacht
und verschenken ihre Pracht.

Refrain
Fang dir einen, fang dir zwei,
fang dir drei, fang dir vier,
und schon gehör'n sie dir!
Halt sie ganz leicht in deiner Hand,
dann lass sie wieder los!
Der größte aller Schätze ist,
den man nicht einsperr'n muss.

2. Flocken fall'n, man hört sie nicht,
fall'n im Dunkeln, fall'n im Licht.

Fang dir …

3. Sieh dort den Kristall aus Eis,
wie er glitzert, wie er gleißt!

Fang dir …

4. Träume fließen wie ein Fluss,
wie ein Streicheln, wie ein Kuss.

Fang dir …

Leuchtfiguren

In dem Lied „Fang dir einen, fang dir zwei …" (➔ S. 90) glitzert und funkelt es, Sterne und Flocken werden gefangen. Mal sehen, ob es in unserem Raum auch funkelt. Schaut nur einmal genau hin!

Alter: ab 4 Jahre
Förderung: visuelle Wahrnehmung, räumliche Wahrnehmung, Konzentration
Material: viele Knicklichter (oder bunte Strohhalme), Nr. 11, Klebeband
Vorbereitung: Raum abdunkeln

Die Kinder sitzen im Kreis. Die Spielleitung baut eine Figur aus Knicklichtern vor, z. B. ein Dreieck, ein Quadrat, ein Kreuz, ein Haus, ein Schiff oder einen Stern. Die Kinder bauen die Figur aus Leuchtstäben nach.

Varianten

- Schwieriger wird es für die Kinder, wenn sie vorgegebene Farben einhalten sollen.
- Die Kinder legen aus den Stäben Sterne auf den Fußboden. Das Licht wird gelöscht. Die Kinder hören das Lied „Fang dir einen, fang dir zwei …" im Dunkeln zwischen den Leuchtsternen und spielen es mit.
- Die Kinder bauen Leuchtstraßen und fixieren die Stäbe mit Klebeband am Fußboden. Auf diesen Straßen können sie gut die Rechts-Links-Unterscheidung üben.

Achtung
Lassen Sie die Kinder niemals unbeaufsichtigt mit den Leuchtstäben spielen. Weisen Sie die Kinder darauf hin, dass sie die Leuchtstäbe nicht in den Mund nehmen und nicht zerbrechen dürfen!

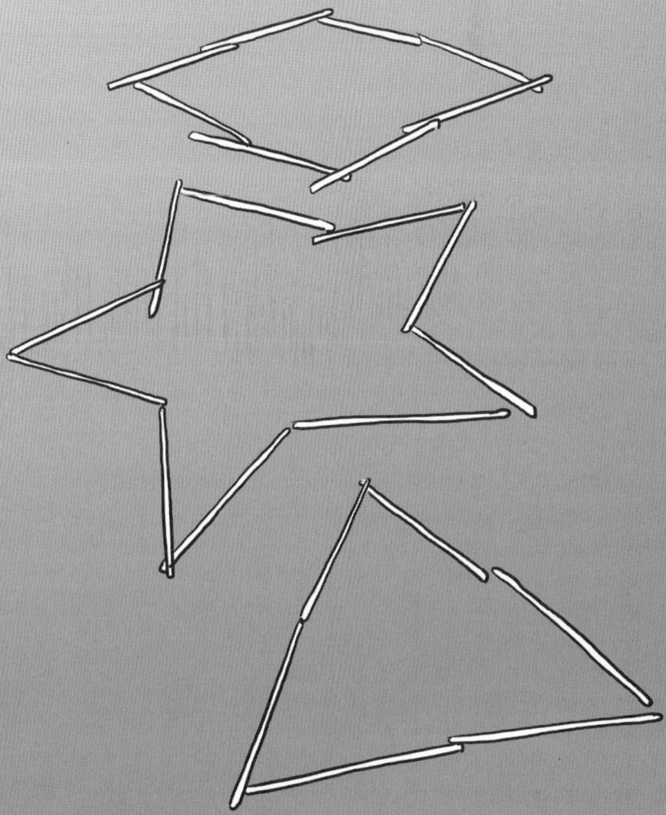

Fliegende Stäbe

Oh, wie das glitzert und funkelt. Das sieht ja aus wie ein Feuerwerk. Wer ist schnell und sieht die richtige Farbe?

Alter: ab 4 Jahre
Förderung: visuelle Wahrnehmung, Figur-Grund-Unterscheidung, Konzentration
Material: Knicklichter (alternativ bunte Strohhalme)
Vorbereitung: Raum abdunkeln

Die Spielleitung steht in der Mitte der Kinder. Sie wirft alle Stäbe gleichzeitig in die Luft und ruft eine Farbe. Die Kinder holen so schnell wie möglich die Stäbe in der richtigen Farbe.

Varianten

- Schwieriger wird es, wenn die Kinder sich zwei oder drei Farben merken und aufsammeln müssen.
- Die Knicklichter liegen in der Mitte des Raumes. Die Spielleitung bittet die Kinder, die Augen zu schließen. Sie nimmt drei Knicklichter und schmückt sich damit: Sie stellt sich z. B. mit dem rechten Fuß auf ein gelbes Knicklicht, hält zwischen den Knien ein rosa Knicklicht und steckt sich ein blaues hinter das Ohr. Die Kinder öffnen die Augen und schmücken sich genauso.

Silberlabyrinth

Wer findet den Weg durch das Silberlabyrinth?

Alter: ab 5 Jahre
Förderung: visuelle Wahrnehmung, Raumlage-Wahrnehmung, Konzentration
Material: 1 große Pappe, Stifte, Alufolie, Klebepistole, Murmel

Die Kinder malen ein Labyrinth auf eine Pappe. Durch das Labyrinth sollen später Murmeln rollen, also müssen die Wege breit genug für eine Murmel sein. Die Alufolie wird in Stücke gerissen und aufgerollt. Die Rollen werden mit dem Daumen und Zeigefinger festgedrückt und als Begrenzung für das Labyrinth mit der Klebepistole aufgeklebt.

Variante
Im Kindergarten haben wir als Gemeinschaftsprojekt ein riesiges Labyrinth auf einem Brett mit vielen Kindern zusammen gemacht. Jeweils vier Kinder heben dieses große Labyrinth an und müssen die Murmel gemeinsam steuern.

Achtung
Vorsicht beim Umgang mit der Klebepistole. Hier benötigen die Kinder auf jeden Fall Hilfe!

⊙ Dieses Spiel eignet sich gut für zuhause.

Monster Huhuu!

Nr. 1

Musik und Text: Rainer Wenzel

1. Es war einmal ein Monster,
das war zuerst ganz klein,
es erblickt das Licht der Welt
im hellen Mondenschein.

Refrain
Und wie macht so ein Monster,
hast du das schon gewusst?
Erst zischt es durch die Zähne
und trommelt auf der Brust.
Dann zappelt es, das kannst auch du,
und ruft ganz gruselig:
Hu hu hu hu huu! Hu huu hu hu hu hu hu huu!

2. Das Monster ist gewachsen,
zur Schule ging es dann,
macht fürchterliche Faxen,
Oh Mann, oh Man, oh Mann!

Und wie macht so ein Monster …

3. Und schließlich war es riesengroß,
genauso groß wie du,
und wurde immer wilder,
ganz genau wie du!

Und wie macht so ein Monster …

4. Doch auch Monster woll'n mal schlafen
und gähnen laut und lang,
die bösen und die braven
fangen zu träumen an.

Und wie macht so ein Monster …
… flüstert gruselig: Huhuu …

5. Am nächsten Tag sind sie topfit,
die Müdigkeit ist fort,
und alle machen wieder mit
beim Monster-Lieblingssport.

Und wie macht so ein Monster …

Tipp
Den Refrain können die Kinder gut mit Heulrohren unterstützen.

Monstergeheul

Ein fürchterliches Monstergeheul klingt durch das Königreich. Was ist denn da los?

Alter: ab 5 Jahre
Förderung: visuelle Wahrnehmung, Blickkontakt, Figur-Grund-Unterscheidung, Konzentration
Material: 1 langer Stab, pro Kind 1 Heulrohr, kleiner Kasten

- Jedes Kind erhält ein Heulrohr.
- Ein Kind wird zum Programmierer ernannt und erhält einen langen Stab.
- Die Kinder sind ganz leise.
- Die Spielleitung stellt sich in die Mitte. Durch Zublinzeln stellt sie die Kinder an, die dann wie auf Knopfdruck mit dem Heulrohr heulen.
- Vom Programmierer können die Kinder ausgestellt werden, indem er sie am Rücken mit seinem langen Stab berührt.
- Das berührte Kind darf nicht mehr heulen.
- Durch erneutes Zublinzeln werden sie wieder angestellt.

Geheimnisvolle Mundhöhle

Anregungen zur Förderung der Mundmotorik

In diesem Kapitel geht es rund um den Mund. Spielerisch werden die Kinder dazu angeregt, ihre Mundmotorik zu trainieren. Kleine Übungen zum Pusten und Ansaugen folgen, aber auch die Lippen und Zungenmuskulatur wird mit einbezogen. Wichtig ist uns, dass die Übungen mit Freude in den Alltag einfließen und nicht zum Übungsprogramm werden. Eine gute Mundmotorik steht als Voraussetzung für eine gesunde Sprachentwicklung. Die nachfolgenden Spiele und Tipps sollen Kinder auf diesem Wege begleiten. Nochmals sei darauf hingewiesen, dass unsere Spiele keine Therapie ersetzen!

Anregungen für den Alltag

- Mit einem dünnen Strohhalm trinken
- Papier mit einem Strohhalm ansaugen
- Mit einem Strohhalm in einem Glas Wasser blubbern
- Luftschlangen pusten
- Watte pusten
- Schaum in der Badewanne pusten
- Papiertüte aufblasen und platzen lassen
- Ein Papiertaschentuch ansaugen und wegpusten
- Wasserfarbe über Papier pusten
- Kerzen auspusten
- Ein kleines Boot übers Wasser pusten
- Mit einer Tröte eine Nuss wegschubsen
- Asiate spielen und dabei Faden zwischen Nase und Oberlippe halten
- Grimassen schneiden, Spitzmund, Backen aufblasen
- Zungenakrobatik: Streckt mal eure Zungen zur Nase, zum Kinn, zum rechten und zum linken Ohr
- Lippen verstecken
- Gummibärchen mit den Lippen aufnehmen und aufessen
- Gummibärchen mit einer Tröte fangen
- Gummibärchen auf einen Zahnstocher aufspießen und ihm mit der Zunge die Füße waschen
- Lippen anmalen und Kussmund auf Papier oder Fensterscheibe drucken
- Salzstangen ohne Hände knabbern
- Mit der Zunge Zähne putzen
- Spiegel spielen, Mama macht vor, Kind macht nach, z. B. dicke Backen machen, Zunge herausstrecken, Wangen einziehen, Lippen verstecken
- Süße Gummischnüre ohne Hilfe der Hände essen
- Verschiedene Geräusche machen: schnalzen, summen, piepsen, schlucken
- Spatel in den Mund nehmen und einen Knopf darauf balancieren

Mund

Nr. 8

Musik und Text: Rainer Wenzel

Jeder hat es im Gesicht
und man übersieht es nicht,
zwischen Nase und dem Kinn,
zeig mal mit dem Finger hin,
auf und zu und rot und rund: der Mund!
Viel geht manchmal rein,
manchmal kommt was raus.

Gesprochen
Wenn ich staune: Ah!
Wenn ich rufe: Heh!
Wenn ich mich ekle: Iih!
Und dich bewund're: Oh!
Wenn ich mich fürchte: Huh!

Alle haben einen Mund,
auf und zu und rot und rund,
ist ein prima Instrument,
von dem ihr noch nicht alles kennt.
Mal sehen, wer das alles kann,
ich zuerst, dann seid ihr dran.

Zum Vor- und Nachmachen:
Schnalzen
Pfeifen
Schmatzen
Zunge schnell zwischen den Lippen bewegen
Brummen (wie ein Motor)
Pusten (wie der Wind)
Plopp
Haha, hihi
Lalalala

Jeder hat es im Gesicht …

Kakao-Zauberei

Der König hat einen geheimen Brief bekommen. Noch kann er nichts darauf erkennen. Ob das Zauberpulver ihm das Geheimnis verrät?

Alter: ab 4 Jahre
Förderung: Mundmotorik, taktile Wahrnehmung, visuelle Wahrnehmung
Material: 1 weiße Kerze, pro Kind 1 Blatt Zeichenpapier und 1 Strohhalm, Kakaopulver
Vorbereitung: Für jedes Kind mit dem Ende der weißen Kerze Gegenstände oder Tiere auf ein Zeichenblatt malen

- Die Kinder erhalten jeweils einen Strohhalm und ein Blatt, das auf den ersten Blick leer erscheint.
- Mithilfe des Strohhalms verteilen sie etwas Zauberpulver (Kakao) auf dem Blatt.
- Das Zauberpulver haftet an den Wachskonturen, so dass langsam ein Bild entsteht.
- Zum Schluss reiben sie mit der flachen Hand über das verteilte Zauberpulver. So wird das Bild durch den Druck gut sichtbar.
- Wenn alle Kinder ihr Bild vor sich liegen haben, erzählen sie gemeinsam eine Geschichte dazu. Jedes Kind baut sein Motiv in die Geschichte ein.

⊙ Dieses Spiel eignet sich gut für zuhause.

Flieg, Feder, flieg!

Lauter Glücksfedern wehen heute durch das Königreich. Wer eine fängt, hat eine Menge Glück. Also, pustet kräftig los!

Alter: ab 3 Jahre
Förderung: Mundmotorik, Auge-Hand-Koordination, Augenfolgebewegungen
Material: pro Kind 1 Strohhalm mit Biegehals, viele bunte Federn; evtl. dicke Strohhalme

Jedes Kind erhält einen Strohhalm und eine Feder, die in das obere Ende des Strohhalms gesteckt wird. Die Kinder pusten in den Strohhalm, sodass ihre Feder hochfliegt. Dann versuchen die Kinder, die eigene Feder mit den Händen zu fangen.

Varianten

- In dickere Strohhalme passen auch mehrere Federn in unterschiedlichen Farben. Die Kinder bekommen die Aufgabe, nur eine bestimmte Farbe zu fangen.
- Die Kinder fangen mit der rechten Hand die rote Feder und mit der linken Hand die grüne.

⊙ Dieses Spiel eignet sich gut für zuhause.

Federrüssel

Ein bunter Federregen ergießt sich im Königreich. Wer fängt die meisten Glücksfedern?

Alter: ab 3 Jahre
Förderung: Mundmotorik, Auge-Hand-Koordination, Figur-Grund-Unterscheidung
Material: pro Kind 1 kurzes Schlauchstück (ca. 10 cm lang) oder dicke Strohhalme, bunte Federn; evtl. Hocker, 1 Planschbecken oder große Schüssel

Ein Kind steckt zehn bis 15 bunte Federn in ein Schlauchstück oder in den dicken Strohhalm und pustet diese in die Luft. Die anderen Kinder fangen die Federn auf.

Variante

- Die Kinder bilden zwei gleichgroße Gruppen. Jedes Kind der ersten Gruppe erhält einen dicken Gummischlauch, in den es fünf bis sieben bunte Federn steckt. Nun steigen die Kinder auf einen Hocker. Auf ein Startsignal hin pusten sie die Federn aus ihrem Schlauch heraus. Die Kinder der anderen Mannschaft fangen die langsam hinuntergleitenden Federn.
  Wer hat am Schluss die meisten Federn?
- Die Kinder pusten ihre Federn aus dem Strohhalm in ein Planschbecken oder eine große Schüssel. Wer trifft?

Kunterbuntes Mundmemory

Wer hat viel Geduld und kann die Geheimnisse unter den Schüsseln lüften? Nur der Mund tut das Geheimnis kund!

Alter: ab 5 Jahre
Förderung: Mundmotorik, Merkfähigkeit, Konzentration
Material: ca. 10 Plastikbecher, 10 Cent-Stücke, Memorykarten, pro Kind 1 kleinen Magneten, Band; evtl. kleine Lebensmittel (z. B. bunte Schokobonbons, Rosinen, verschiedene Nüsse, kleine Kekstiere), ausgestanzte Esspapier-Motive, Arbeitsbögen zur Vorschulförderung
Vorbereitung: An die Böden der Becher jeweils eine Münze kleben, einen Magneten an einem Band befestigen, die beklebten Becher mit der Öffnung nach unten aufstellen, darunter Memorykarten legen

Die Kinder nehmen jeweils ein Band in den Mund. Mit dem Magneten, der an dem Band hängt, versuchen sie die Becher anzuheben. Nur im Notfall dürfen die Hände ein bisschen mithelfen. Wer deckt auf diese Weise zwei gleiche Karten auf?

Varianten

- Unter die Becher verschiedene kleine Lebensmittel legen. Die Kinder dürfen diese mit dem Mund aufnehmen und verspeisen.
- Unter die Becher verschiedene ausgestanzte Esspapier-Motive legen.
- Unter den Bechern gefaltete Arbeitsbögen zur Vorschulförderung legen, die die Kinder ausfüllen dürfen.

⊙ Dieses Spiel eignet sich gut für zuhause.

Spaghettikönig

Im Königreich geht ein gemeiner Dieb umher. Er möchte die kostbaren Ketten der Prinzessinnen klauen. Aber die Kinder sind pfiffig und verstecken die Ketten schnell in ihrem Mund.

Alter: ab 4 Jahre
Förderung: Mundmotorik
Material: pro Kind 1 Fruchtschnur aus Weingummi (oder Lakritzschnecken)

Jedes Kind erhält eine Fruchtschnur und nimmt diese in den Mund. Alle verstecken die Hände hinter dem Rücken. 1, 2, 3, wer lässt die Schnur ganz allein mit dem Mund, ohne Hilfe der Hände, am schnellsten im Mund verschwinden? Dabei darf die Schnur natürlich auch verspeist werden – wie schade für die Schnur!

⊙ Dieses Spiel eignet sich gut für zuhause.

Perlentransport

Prinzessinnen lieben die kleinen grünen Perlen in der königlichen Schatzkammer. Wer ist geschickt und kann sie vorsichtig transportieren?

Alter: ab 4 Jahre
Förderung: Mundmotorik
Material: pro Kind 2 Schüsseln, 1 Strohhalm und 10 Erbsen

Die Kinder knien auf dem Fußboden. Vor ihnen stehen jeweils zwei Schüsseln. Eine Schüssel ist mit zehn Erbsen gefüllt. Mit dem Strohhalm sollen die Kinder die Erbsen von einer in die andere Schüssel transportieren. Wer kann das am besten?

⊙ Dieses Spiel eignet sich gut für zuhause.

Limonadenleitung

Wer mag seinen Durst an der königlichen Limonadenleitung löschen?

Alter: ab 3 Jahre
Förderung: Mundmotorik
Material: pro Kind 1 Plastikbecher, Wasser (oder Apfelschorle) und 1 extra langer Strohhalme (70 cm)
Vorbereitung: Becher mit Wasser oder Apfelschorle füllen

Die Kinder stehen vor ihren mit Wasser oder Apfelschorle gefüllten Bechern. Jedes Kind erhält einen extra langen Strohhalm. Wer kann seinen Becher mit diesem langen Strohhalm leeren?

Variante für Jüngere
Für jüngere Kinder muss der Strohhalm mit der Schere gekürzt werden.

⊙ Dieses Spiel eignet sich gut für zuhause.

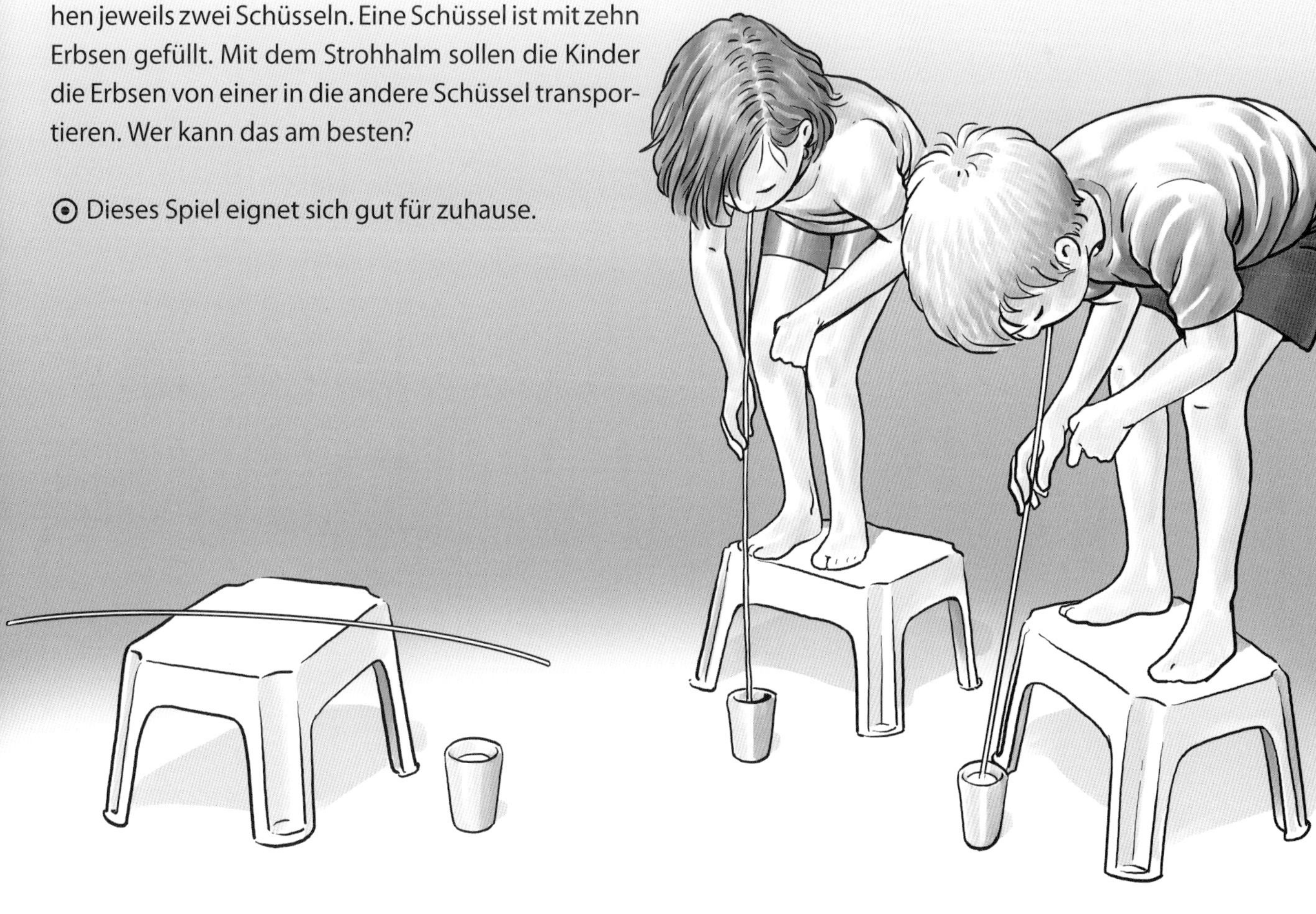

Königliches Fußbad

Auch ein König muss mal Füße waschen! Dazu nimmt er gerne sein eigenes kitzeliges Fußbad und lauscht dem Lied „Füße" (➜ S. 39), das ganz wunderbar dazu passt.

Alter: ab 3 Jahre
Förderung: Mundmotorik, taktile Wahrnehmung
Material: „Füße" (CD Nr. 7), kleine Plastikwannen, Wasser, Handtücher, pro Kind 1 langer Strohhalm (70 cm)
Vorbereitung: Warmes Wasser in die Wannen füllen, Strohhalme und Handtücher bereitlegen

Die Kinder stehen in den mit Wasser gefüllten Wannen. Jedes Kind erhält einen langen Strohhalm. Jetzt werden Blubber im eigenen Fußbad gemacht. Hui – das kitzelt an den Füßen!

⊙ Dieses Spiel eignet sich gut für zuhause.

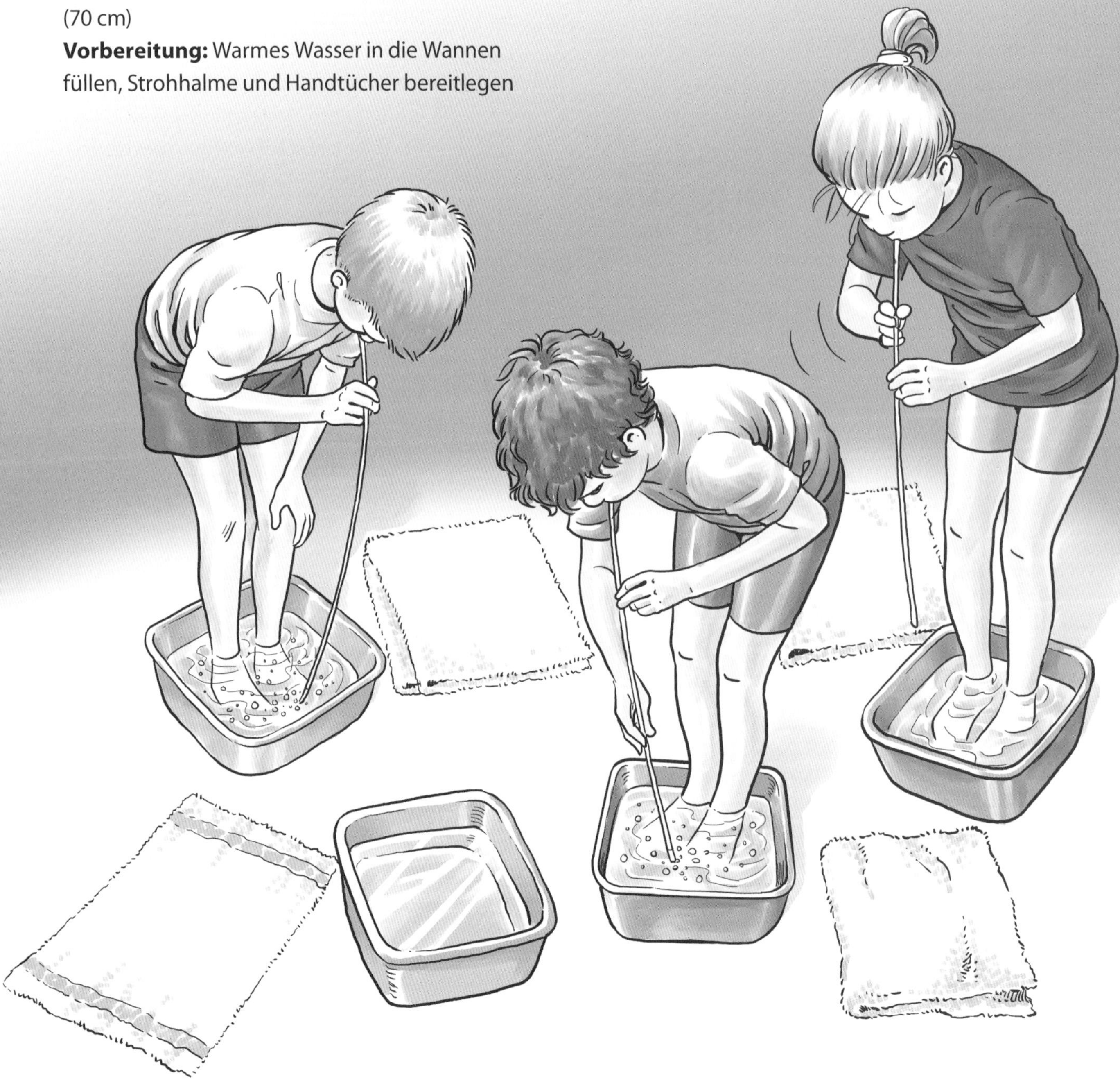

Starker König Muggelstein

Wer ist der stärkste König? Heute werden die Kräfte gemessen.

Alter: ab 4 Jahre
Förderung: Mundmotorik
Material: pro Kind 1 Holzspatel, 20 Glasnuggets; evtl. Gummibärchen

Jedes Kind erhält einen Spatel, den es quer in den Mund nimmt und mit den Lippen festhält. Der Spatel wird rechts und links mit Glasnuggets belegt. Wie viele Steine kann das Kind auf dem Spatel halten? Versucht einmal, den Spatel längs in den Mund zu stecken.

Variante für Jüngere
Bei jüngeren Kindern wird der Spatel mit Gummibärchen belegt, da diese viel leichter sind.

⊙ Dieses Spiel eignet sich gut für zuhause.

Bausteinlabyrinth

Wer findet den Ausgang aus dem königlichen Labyrinth? Hoffentlich geht euch die Puste nicht aus.

Alter: ab 4 Jahre
Förderung: Mundmotorik
Material: Bausteine, pro Kind 1 Strohhalm, 1 Tischtennisball; evtl. bunte Schokolinsen

Die Kinder bauen aus Bausteinen ein Labyrinth, durch das ein Tischtennisball gerollt werden kann. Das erste Kind erhält einen Strohhalm. Es pustet den Tischtennisball durch den Eingang hinein und bugsiert den Ball mithilfe des Strohhalmes durch das Labyrinth. Ist der Ball durch den Ausgang hinausgepustet worden, geht das nächste Kind an den Start.

Varianten
- Die Spielleitung legt auf das Bausteinlabyrinth an verschiedenen Stellen Schokolinsen. Den Kindern wird eine Farbe genannt. Sie sollen den Ball zu der gewünschten Farbe pusten.
- Die Spielleitung gibt eine Farbreihenfolge vor, die eingehalten werden muss. Zum Schluss dürfen die Kinder die Schokolinsen in der gewünschten Reihenfolge essen.

⊙ Dieses Spiel eignet sich gut für zuhause.

Blumenwiese

Sehr gerne liegt der König auf seiner Blumenwiese und träumt. Aber woher kommen nur all diese Bienen? Sammeln sie etwa Blütenstaub?

Alter: ab 5 Jahre
Förderung: Reihenfolgen, Mundmotorik, Konzentration
Material: farbige Tonpapierreste, pro Kind 1 Strohhalm, Schere, Rasierschaum
Vorbereitung: Blumen in verschiedenen Farben aus Tonpapier ausschneiden und auf dem Fußboden verteilen, Strohhalme auf 10 cm Länge kürzen, Fensterscheibe dünn mit Rasierschaum bemalen

Die Kinder verwandeln sich in Bienen. Mit dem Strohhalm sammeln sie Blütenstaub. Die Oberbiene gibt eine Farbreihenfolge vor, z. B. rot, gelb, grün. Die Kinder sausen los, saugen mit dem Strohhalm zunächst die rote Blüte an und kleben sie an die Fensterscheibe. Da diese zuvor mit Rasierschaum bemalt wurde, klebt die Blüte einfach an der dünnen Schicht Schaum. Die nächsten Farben folgen. Die Blüten werden in der richtigen Reihenfolge an die Fensterscheibe geklebt.

Kunterbunte Vorschulkiste

Kreuzen, Reihenfolgen, Farben und noch mehr

Zahlreiche Spiele wurden bisher beschrieben, die ganz gewiss einen Platz in der Vorschulförderung verdienen. Im folgenden Kapitel geht es nun gezielt um Farben, Formen, Reihenfolgen, Diagonalen und Konzentration. Viele Spiele fördern das Kreuzen der Körpermitte und somit das Zusammenspiel beider Hirnhälften.

Übung zur Eigenkontrolle

Stellen wir uns vor, eine Linie läuft durch die Mitte unseres Körpers. Diese Linie teilt uns in vorne und hinten und rechts und links. Juckt es uns an der rechten Schulter, so kratzen wir in der Regel mit der linken Hand. Wischen wir einen Tisch ab, so wischen wir automatisch über die Körpermitte. Möchten wir etwas greifen, so greifen wir ohne Überlegung über die Körpermittellinie.

Wir müssen nicht darüber nachdenken und nehmen einfach den kürzesten Weg, der sich bietet. Für einige Kinder ist dies nicht selbstverständlich. Sie vermeiden es, die Körpermitte zu überkreuzen und benötigen für gewisse Handlungen mehr Zeit und Kraft. Einige Kinder wechseln ständig die Hände und können keine Dominanz entwickeln. Es dauert länger, wenn wir beim Tischabwischen die Hände wechseln müssen. Und es sieht nicht nur ungeschickt aus, wenn wir versuchen, uns mit der linken Hand an der linken Schulter zu kratzen. Denken Sie einmal an das verkrampfte Kind, das in der Schule beim Schreiben seinen Körper verdrehen muss, weil ihm das Überkreuzen der Körpermitte nicht möglich ist. Setzen Sie sich einmal so hin. Merken Sie, wie sich Ihr Blickfeld verschiebt? Ein anderes Kind wechselt gar den Stift in die andere Hand, aber nur eine Hand ist schreibdominant.

Denken Sie daran, dass Vorschulförderung nicht im letzten Kindergartenjahr beginnt, sondern im Spiel sehr viel früher!

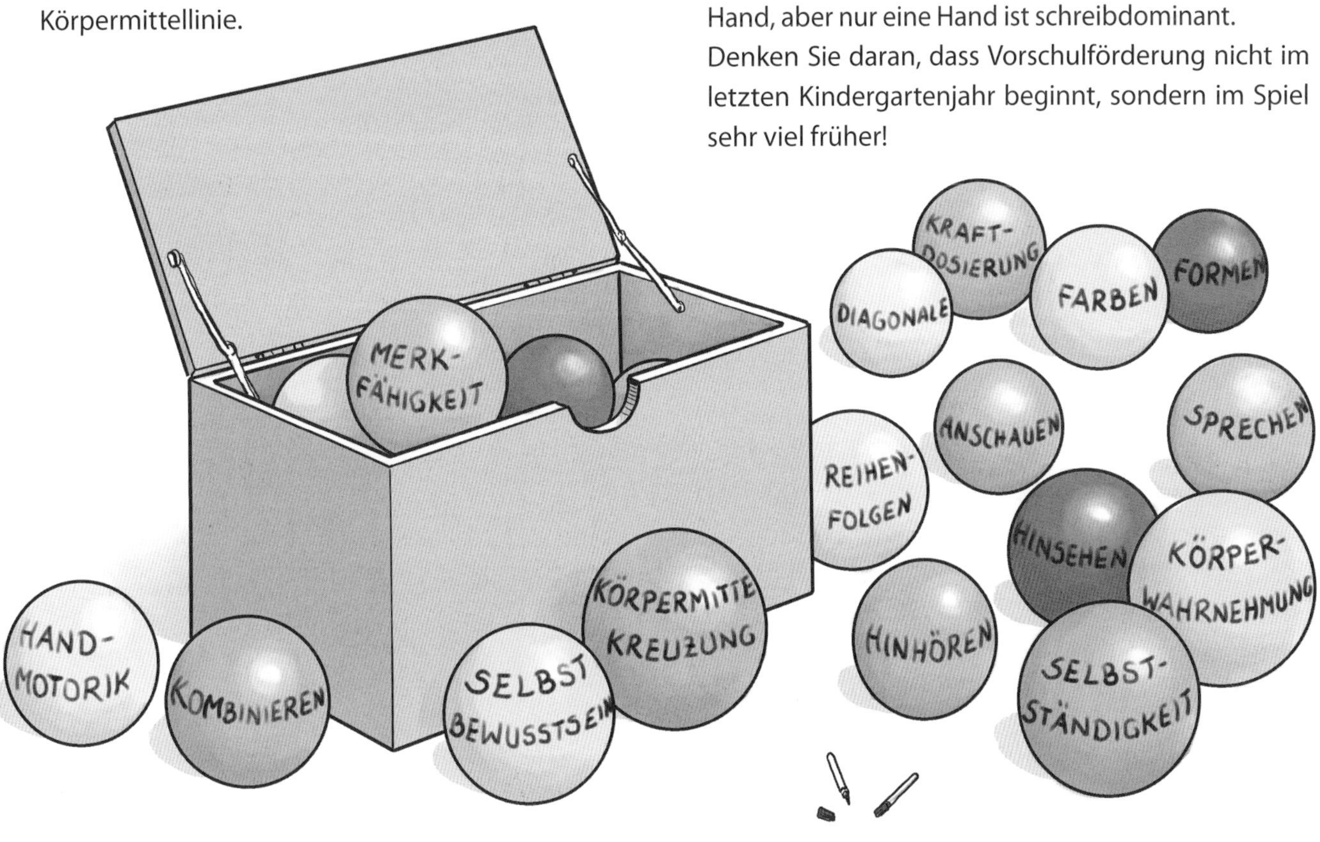

Wir sind die Monsterputzparade

Nr. 5

Musik und Text: Rainer Wenzel

Wir dachten bisher, Monster wären chaotisch, schmutzig und unordentlich. Nein – wir haben uns getäuscht. Bei den Monstern gibt es sogar einen eigenen Putztrupp, die Monsterputzparade, die mit ihren Besen, Eimern und mit Gesang zum Putzen marschiert – gemeinsam natürlich. Das kann schon mal laut werden, aber: Ihre Putzarbeit machen sie sehr gewissenhaft und genau.

Refrain
Wir sind die Monsterputzparade
mit zotteligem Haar,
den Mund voll Schokolade,
da flüchtet jede Made!
Hihi, hoho, haha! (2x)

mit polternden Schritten marschieren, auf der einen Schulter einen imaginären Besen, in der anderen Hand einen Eimer

1. Früh am Morgen, nicht zu schnell,	*die rechte Hand kämmt mit gespreizten Fingern den linken*
kämmen wir uns unser Fell,	*Arm, die linke den rechten*
kraul'n die Füße mit Genuss,	*rechte Hand krault den linken Fuß, linke den rechten*
kraul'n den Bauch, und dann ist Schluss.	*beide Hände kraulen den Bauch*

Wir sind …

2. Unser Monsterhaus ist schmutzig,	
Zeit für einen Frühjahrsputz:	
Nimm den Lappen in die Hand,	*Hin-und-her-Bewegungen mit beiden Händen, jeweils*
hin und her: Wie glänzt die Wand!	*über die Körpermitte*

Wir sind …

3. Neue Farbe braucht die Wand,	
nimm den Pinsel in die Hand,	*Bewegungen mit beiden Händen machen*
von links nach rechts und auf und ab	
und hin und her, wie gut das klappt!	*linke und rechte Hand wechseln sich ab*

Wir sind …

Monsterkanon

Die Monster im Königreich versammeln sich ab und zu und veranstalten einen tollen Sprechkanon. Ein Fest für kleine Königsohren!

Alter: ab 5 Jahre
Förderung: Konzentration, Sprache, Rhythmus, visuelles und auditives Filtern, Kreuzen der Körpermitte

Material: evtl. Schminkfarben, evtl. pro Kind 2 zottelige Polierschwämme (Baumarkt, Restpostenmarkt)

Die Kinder werden in zwei Gruppen eingeteilt. Die Gruppen sitzen sich gegenüber. Zunächst wird folgender Text mit den dazugehörigen Körperbewegungen einstudiert:

Monsterputzparade, Monsterputzparade,	*rechte, dann linke Hand wischt einen Kreis in die Luft*
mit zotteligem Haar, mit zotteligem Haar,	*rechte Hand streicht über den linken Arm, linke über den rechten*
den Mund voll Schokolade,	*rechte Hand wischt über den Mund*
den Mund voll Schokolade,	*linke Hand wischt über den Mund*
Hihi! Hoho! Haha!	*Hände bilden ein Sprachrohr, durch das die Kinder den Text sprechen*

Die Spielleitung erklärt den Kindern, wie ein Kanon funktioniert. Sie dirigiert die erste Gruppe einmal durch den Text, um sich zu vergewissern, dass die Kinder ihren Text auch wirklich auswendig können. Bei der zweiten Gruppe verfährt sie genauso.

Wenn der Text sicher sitzt, beginnt die erste Gruppe mit dem Sprechgesang. Nach zwei Zeilen fällt die zweite Gruppe mit ihrem Text ein. Die erste Gruppe lässt sich nicht von der zweiten Gruppe ablenken und fährt mit dem einstudierten Text fort. Der Sprechgesang wird so lange fortgesetzt, bis die Spielleitung ihn durch ein Zeichen beendet.

Varianten

- Den Kindern macht dieses Spiel besonders viel Spaß, wenn sie sich vorher wie Monster schminken dürfen.
- Alternativ ziehen sie zottelige Schwämme über ihre Hände, die die Monsterpfoten darstellen.

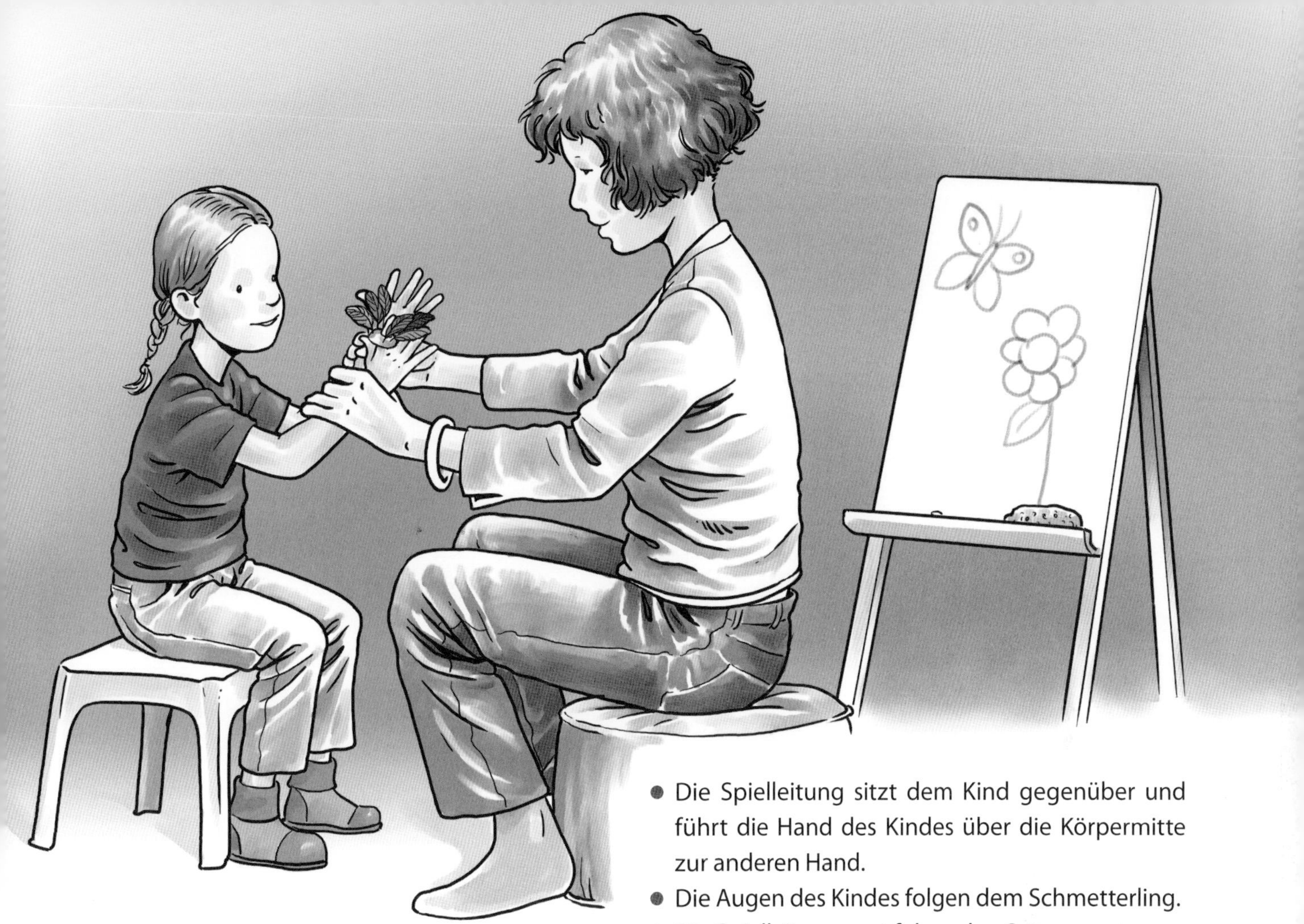

Schmetterling trifft Blume

Was wäre ein Königreich ohne viele bunte Schmetterlinge. Schaut, wie sie flattern können!

Alter: ab 3 Jahre
Förderung: Kreuzen der Körpermitte, taktile Wahrnehmung, Augenbewegungen
Material: Ton, bunte Federn, Handtücher, evtl. Hocker
Vorbereitung: Ton in kleine Stücke reißen, Federn und Handtücher bereitlegen

- Die Kinder formen aus Ton eine kleine Schlange.
- Diese wickeln sie sich als Fingerring um den Zeigefinger.
- Rechts und links werden jeweils drei Federn in den Fingerring gesteckt, sodass ein bunter Schmetterling entsteht.
- Ein Kind sitzt auf dem Hocker.
- Die Spielleitung sitzt dem Kind gegenüber und führt die Hand des Kindes über die Körpermitte zur anderen Hand.
- Die Augen des Kindes folgen dem Schmetterling.
- Die Spielleitung sagt folgenden Satz: „Der Schmetterling, der Schmetterling, der flattert durch die Luft – puff."
- Bei „puff" schlägt der Schmetterling gegen die zweite Hand und fliegt langsam zurück.

⊙ Dieses Spiel eignet sich gut für zuhause.

Kreuz – Klatsch – Kreis

Kleine Könige müssen sich gut konzentrieren können. Mit diesem Training gelingt es bestimmt.

Alter: ab 4 Jahre
Förderung: Kreuzen der Körpermitte, Rhythmus
Material: roter und blauer Stift
Vorbereitung: Jedem Kind und sich selbst einen roten Kreis auf die Innen- und Außenfläche der rechten Hand malen, auf die Innen- und Außenfläche der linken Hand ein blaues Kreuz

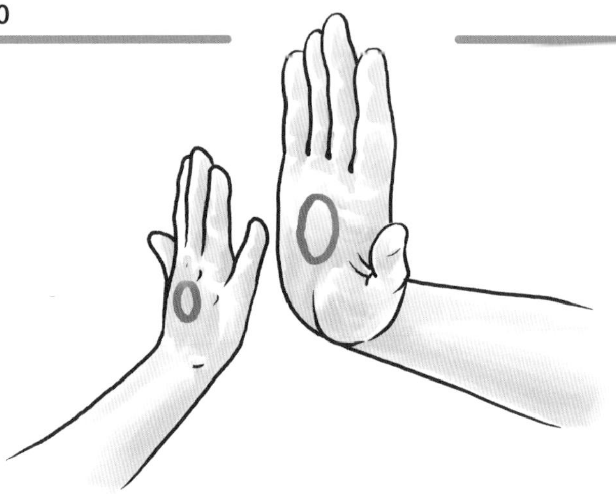

Die Kinder sitzen einander paarweise gegenüber. Ein Kind klatscht in die Hände und fragt: „Bekomme ich ein Kreuz?" Das Kind schlägt mit seiner Kreuzhand in die Kreuzhand des Gegenübers. Danach schlagen beide wieder in die eigenen Hände. Dann verlangt es den Kreis. So geht es immer abwechselnd.

Varianten

- Wenn die Kinder sich auch ein Kreuz und einen Kreis auf die Oberschenkel malen, können die Überkreuzbewegungen auch zwischen Händen und Beinen ausprobiert werden.
- Klappt das Kreuzen gut, begrüßen sich alle in jeder Situation, in der sie sich im Kindergarten treffen, mit Kreuz-Klatsch-Kreis.

Variante für Jüngere

Die Spielleitung gibt die Kommandos oder setzt sich einem jüngeren Kind gegenüber.

⊙ Dieses Spiel eignet sich gut für zuhause.

Fridolin, das Bürstentier

Im Königreich lebt ein merkwürdiges Tier. Es heißt Fridolin, hat lauter Borsten und immer Hunger.

Alter: ab 4 Jahre
Förderung: Kreuzen der Körpermitte, Richtungsdenken, Körpergefühl, taktile Wahrnehmung, Höraufmerksamkeit
Material: pro Kind 1 Bürste, Wackelaugen, Pfeifenreiniger, kurze Kleidung oder Badebekleidung, Hocker
Vorbereitung: Die Kinder gestalten ihre Bürsten mit Wackelaugen und Pfeifenreinigern zu Bürstentieren.

Die Spielleitung liest die Geschichte von Fridolin vor. Die Kinder sitzen auf ihren Hockern und spielen die Geschichte mit ihren Bürstentieren auf ihrem Körper nach.

Das ist Fridolin, das Bürstentier,
„Fridolin, was willst du hier?"
„Von der Welt will ich was seh'n,
werd' gleich meine Runden dreh'n."

Nach drei Runden Bürstensport
knurrt der Magen ihm – hört hört!
He, sei leise oller Magen,
läuft zum Knie: „Kann ich was zu essen haben?"

„Na klar, im Käseladen unter mir,
geh mal hin und sag 'nen Gruß von mir."
Viele Sorten gibt es dort.
Er mag kein'n Käse und geht fort.

Rückwärts geht er wieder raus,
bleich vor Hunger schaut er aus.
Aber ihm kommt DIE Idee:
„Ich schau mal zum großen Zeh."

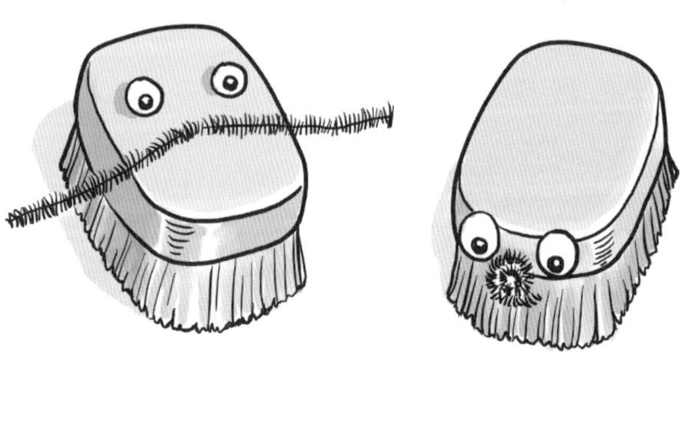

Hier sucht er unten,
oben, vorn und hinten,
„Nein, hier gibt es nicht Brot, noch Schinken."
Vom Fuß zum Knie, vom Knie zum Bauch
und er denkt: „Schokolade tät es auch."

Bis zur rechten Schulter fährt er.
„Schokolade! Aber zartbitter!"
Krabbelt langsam rüber, weiter:
„Was gibt's denn hier im Angebot?
Keine Schokolade! Was, nur Brot?"

Ganz geschwächt läuft er dahin,
übern Arm zum Daumen hin.
„Hallo Daumen, ich muss essen."
„Hier gibt's nichts! Na? Schon vergessen?"

„Geh rüber zur Schulter und wart auf den Bus,
ich hoff, dass du nicht lang warten musst!"
Fridolin steigt ein, fährt übern Arm zur Hand.
Dort angekommen, gibt's endlich was:
köstlichen Kuchen aus Sand!

Vorsicht, Hai!

Kleiner König, aufgepasst! Hüte dich vor den gefährlichen Haien. Sei schnell und lass dich nicht schnappen!

Alter: ab 4 Jahre
Förderung: Kreuzen der Körpermitte, Reaktion
Material: –

- Die Kinder sitzen sich auf Knien einander paarweise gegenüber. Ein Kind ist der Hai, das andere spielt den Fischschwarm.
- Das Kind, welches den Fischschwarm darstellt, legt die Hände flach auf den Fußboden.
- Die Fische (Hände) schwimmen hin und her und immer über die Körpermitte hinweg.
- Das Kind, das den Hai spielt, lässt seine Hände etwas über dem Fischschwarm schweben.
- Irgendwann versucht es, einen Fisch aus dem Schwarm zu schnappen, indem es die Hand blitzschnell heruntersausen lässt.
- Trifft der Hai einen Fisch, werden die Rollen gewechselt.

⊙ Dieses Spiel eignet sich gut für zuhause.

Leiterkönig

Nur wer seine Kraft gut dosieren kann, hat eine Chance, Leiterkönig zu werden.

Alter: ab 3 Jahre (mit Hilfe)
Förderung: Kreuzen der Körpermitte, Gleichgewicht, Kraftdosierung
Material: Malerleiter, Turnleiter, unterschiedlich schwere Bälle; evtl. Klebeband, Stift
Vorbereitung: Die Malerleiter aufstellen, rechts daneben die Turnleiter flach auf den Boden legen, Bälle bereitlegen

- Ein Kind setzt sich auf die Malerleiter, sodass es sich rechts und links mit den Beinen an den Sprossen stützt, und spielt den Leiterkönig.
- Die anderen Kinder reichen dem Leiterkönig die unterschiedlich schweren Bälle.

- Der Leiterkönig nimmt die Bälle über die Körpermitte an und zielt auf die Sprossenzwischenräume der Turnleiter. Dabei soll immer nur ein Ball in einem Zwischenraum landen.
- Landen zwei Bälle im gleichen Zwischenraum, zählt nur einer. Wer hat die meisten Punkte?

Variante

Die Sprossenzwischenräume werden mit Wertigkeiten versehen, dafür Klebeband auf den Fußboden kleben und darauf die Punkte schreiben.

Tipp

Dieses Spiel war der Renner beim letzten Kindergartenfest!

Glänzende Silberrennbahn

Im Königreich findet heute das Silberbahnrennen statt. Nur wer geschickt ist, bleibt auf der Bahn und kann gewinnen. Also, auf die Plätze, fertig, los!

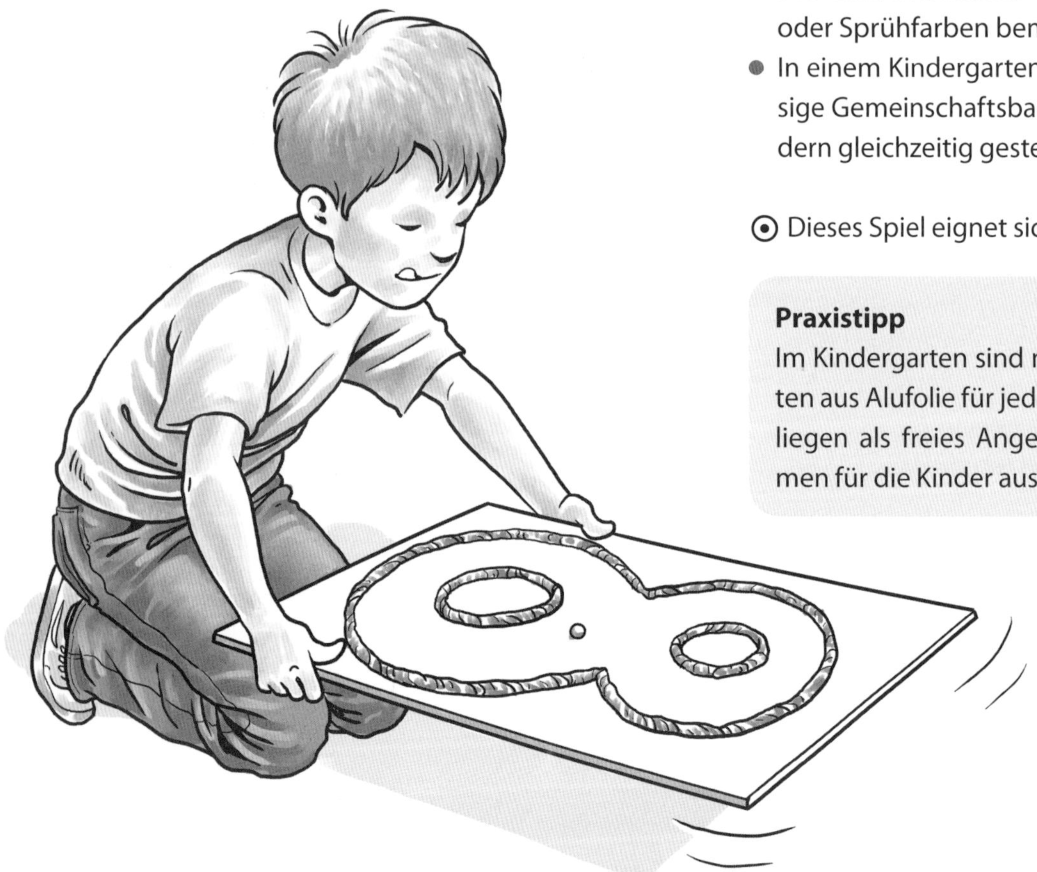

Alter: ab 4 Jahre (mit Hilfe)
Förderung: Augenbewegungen, Zusammenarbeit beider Hemisphären, Kraftdosierung
Material: feste Pappe oder Holzbrett, Klebepistole, Alufolie, Murmeln, evtl. Finger- oder Sprühfarben
Vorbereitung: Etwa 4 cm breite Streifen aus der Alufolie schneiden, eine große liegende Acht und zwei Innenkreise auf die Pappe malen, sodass eine Murmel im Zwischenraum Platz hat

Die Kinder erhalten Alu-Streifen, die sie aufrollen und mit Daumen und Zeigefinger zu langen Würsten drücken. Sie kleben mithilfe einer Klebepistole die Aluwürste auf die gemalte Acht. Eine Murmelbahn entsteht.
Das Rennen kann beginnen. Wer ist so geschickt und bleibt mit seiner Murmel auf der Rennbahn?

Varianten

- Es können auch andere Bahnen vorgegeben werden. Sehr beliebt sind Labyrinthe. Den jüngeren Kindern gefällt eine Schnecke gut.
- Die Zwischenräume können mit Fingerfarben oder Sprühfarben bemalt werden.
- In einem Kindergartenprojekt haben wir eine riesige Gemeinschaftsbahn gebaut, die mit vier Kindern gleichzeitig gesteuert werden musste.

⊙ Dieses Spiel eignet sich gut für zuhause.

Praxistipp

Im Kindergarten sind mehrfach liegenden Achten aus Alufolie für jede Gruppe entstanden. Sie liegen als freies Angebot in den Gruppenräumen für die Kinder aus.

Seilbahn

Die königliche Seilbahn ist kaputt. Kriegen wir sie gemeinsam zum Laufen?

Alter: ab 5 Jahre
Förderung: Augenbewegungen, Zusammenarbeit beider Hemisphären, Kraftdosierung, Körperwahrnehmung, Richtungsdenken, Reihenfolgen
Material: pro Kind 1 Gardinenring, Wolle, Schere

Jeweils zwei Kinder spielen zusammen. Die Kinder schneiden ca. 2 m lange Wollfäden ab. Jedes Paar benötigt zwei Wollfäden und zwei Gardinenringe.

Die Kinder stehen sich im Abstand von zwei Metern gegenüber. Zunächst spielen sie nur mit einem Gardinenring und einem Wollfaden. Sie fädeln den Wollfaden durch den Ring und jedes Kind hält ein Ende des Fadens gut fest. Der Wollfaden muss sehr stramm gespannt sein.
Nun soll der Gardinenring auf der Wollfadenbahn von einem zum anderen Kind transportiert werden. Dazu muss ein Kind sich bücken und den Faden nach unten halten, das andere Kind stellt sich auf Zehenspitzen und hält den Faden hoch. Die Berg- und Talfahrt folgt in regelmäßigem Wechsel.

Variante
Schwieriger wird dieses Spiel, wenn mit zwei Fäden und zwei Ringen gespielt wird. Jetzt lassen die Kinder die Seilbahn rechts und links abwechselnd fahren.

⊙ Dieses Spiel eignet sich gut für zuhause.

Vorsicht, heiß!

Ein wunderschöner Ring wird geschmiedet. Vorsicht, er ist noch ganz heiß! Können wir ihn transportieren, ohne uns die Hände zu verbrennen?

Alter: ab 4 Jahre
Förderung: Augenbewegungen, Kraftdosierung, Zusammenarbeit beider Körperhälften, Richtungsdenken, Konzentration
Material: 1 Gardinenring, 1 Schnur (ca. 4–5 m lang, je nach Teilnehmerzahl); evtl. mehrere Gardinenringe
Vorbereitung: Einen Gardinenring auf eine Schnur fädeln und die Schnur zusammenknoten

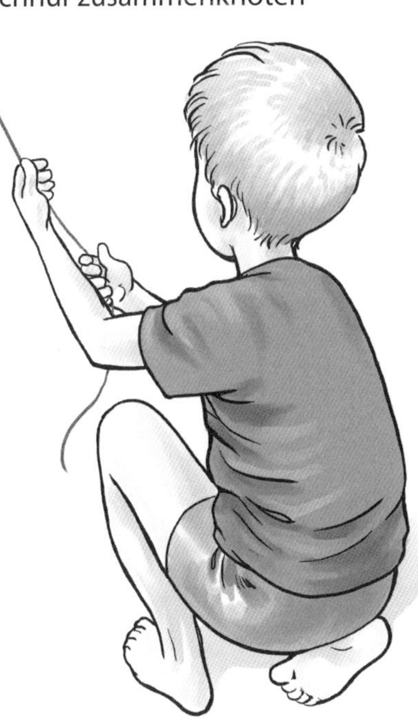

Die Kinder stehen im Kreis und halten die Schnur auf Spannung. Sie transportieren den Gardinenring über die Schnur von einem Kind zum nächsten und achten darauf, nur die Schnur zu berühren, denn der Ring ist noch heiß!

Variante

Dieses Spiel wird um einiges schwerer, wenn zwei oder mehr Ringe weitergegeben werden.

So blau, so rot, so grün

Nr. 3

Musik und Text: Rainer Wenzel

1. Der Himmel ist BLAU! Das Meer ist BLAU!
Ein blauer Fleck ist BLAU!
So blau, so blau, so blau, so blau, so blau.

2. Tomaten sind ROT! Blut ist ROT!
Deine Lippen sind so ROT!
So rot, so rot, so rot, so rot, so rot.

3. Spinat ist GRÜN! Die Wiesen sind GRÜN!
Ein Frosch ist GRÜN!
So grün, so grün, so grün, so grün, so grün.

4. Die Sonne ist GELB! Bananen sind GELB!
Briefkästen sind GELB!
So gelb, so gelb, so gelb, so gelb, so gelb.

5. Schnee ist WEISS! Zucker ist WEISS!
Salz ist WEISS!
So weiß, so weiß, so weiß, so weiß, so weiß.

6. Die Nacht ist SCHWARZ! Raben sind SCHWARZ!
Deine Fingernägel sind so SCHWARZ!
So schwarz, so schwarz, so schwarz, so schwarz, so schwarz.

7. Die Welt ist so BUNT! Das Leben ist BUNT!
Ein bunter Hund ist BUNT!
So bunt, so bunt, so bunt, so bunt, so bunt.

Bewegungsvorschläge

- Entsprechend den sechs Farben werden sechs Gruppen mit je drei bis vier Kindern gebildet. Zu jeder Gruppe gehört eine Farbe, z. B. als umgebundene Tücher oder Bänder um die Handgelenke.
- Die Kinder teilen sich in Farbgruppen auf und halten ihre Tücher oder Handgelenke an der entsprechenden Stelle im Lied hoch. Bei der letzten Strophe sind alle zusammen dran.
- Die Farbgruppen sitzen im Raum verteilt. Bei der Nennung der jeweiligen Farbe springt die entsprechende Gruppe hoch und setzt sich wieder hin, also drei Mal auf und ab. Bei „So blau, so blau, so blau, ..." kann die Gruppe sich im Kreis bewegen oder jedes Kind dreht sich um sich selbst.
- Bei der „bunten" Strophe kommen alle Gruppen in Bewegung und tanzen am Schluss durcheinander.

Tipp

Das Lied ist ideal für Feste aller Art, es passt zu Themen wie Farben, Jahreszeiten, die Vielfalt unserer Welt.

Ich wünsche mir ein rotes Dreieck herbei

Kleiner König, kennst du die Farben und die Formen?

Alter: ab 4 Jahre
Förderung: Formwahrnehmung, Farbwahrnehmung, Konzentration
Material: farbiges Tonpapier, 1 Stuhl mehr als Teilnehmer, „So blau, so rot, so grün" (CD Nr. 3)
Vorbereitung: verschiedene geometrische Formen wie Dreieck, Quadrat, Rechteck aus Tonpapier in verschiedenen Farben schneiden

Eingeführt wird dieses Spiel durch das Lied „So blau, so rot, so grün" (→ S. 114), das die Kinder auf das Thema Farben einstimmt.
Jedes Kind bekommt eine aus Tonpapier geschnittene Form. Die Spielregeln des altbekannten Spiels „Mein rechter, rechter Platz ist frei" werden leicht variiert.

- Die Kinder sitzen auf ihren Stühlen im Kreis.
- Ein Stuhl bleibt frei.
- Das Kind, dessen rechter Platz frei ist, klopft auf den leeren Stuhl und sagt dabei z. B.: „Mein rechter, rechter Platz ist frei, ich wünsche mir ein rotes Dreieck herbei."
- Das Kind mit dem roten Dreieck steht auf und setzt sich auf den leeren Platz.
- Das Kind, das nun links neben dem freien Stuhl sitzt, darf sich erneut ein Kind mit geometrischer Form herbeiwünschen.

Geheimnisvoller Formensee

Wer ist geschickt und angelt die richtigen Formen aus dem geheimnisvollen Formensee?

Alter: ab 4 Jahre
Förderung: Formwahrnehmung, Farbwahrnehmung, Konzentration, Auge-Hand-Koordination, Reihenfolgen
Material: farbiges Tonpapier, Büroklammern, ca. 80 cm lange Stäbe, Schnur, Magnete, Teppichfliesen
Vorbereitung: geometrische Formen aus farbigem Tonpapier schneiden, jede Form mit einer Büroklammer versehen, Teppichfliesen im Raum verteilen, dazwischen die Tonpapierformen legen; Angeln bauen: ans Ende eines Stabes eine Schnur knoten, an die Schnur einen Magneten knoten

Die Kinder erhalten vom König einen Auftrag, z. B. „Angel für mich ein großes rotes Dreieck". Die Kinder eilen los. Sie dürfen nur die Steine (Teppichfliesen) betreten, denn im See schwimmen schaurige Krokodile. Benutzt eure Angeln geschickt und passt auf eure Hände auf, damit ihr nicht gefressen werdet!

Variante

Die Kinder erhalten mehrere Aufträge und sollen sich an die vorgegebene Reihenfolge halten.

Anhang

Register

Spiele und *Lieder*

Literaturhinweise

Wolfgang Anders, Sabine Weddemar, Häute scho(e)n berührt? verlag modernes lernen, Dortmund, 2002

Jutta Bläsius, Was berührt mich da? verlag modernes lernen, Dortmund, 2008

Ina Gerdes, Ruheinseln, infantastic Versand & Verlag, Königs Wusterhausen, 2010

Waltraud und Winfried Doering, Das andere ADS-Buch, Edition doering, Bremen, 2003

Conny Frühauf, Christine Werner, Hört mal, was da klingt! Ökotopia Verlag, Münster, 2006

Anja Günther, Melanie Jäger, Ich sehe den Wald vor lauter Bäumen nicht, verlag modernes lernen, Dortmund, 3. Aufl. 2011

Andrea Herrmann-Strenge, Laute Flaute – Stiller Sturm, verlag modernes lernen, Dortmund, 3. Aufl. 2010

Sonja Janssen, Julia Alberts, Sternenstaub und Lichterglanz, Ökotopia Verlag, Münster, 2009

Sonja Quante, Was Kindern gut tut!, verlag modernes lernen, Dortmund, 3. Aufl. 2008

Michael Winterhoff, Lasst Kinder wieder Kinder sein, Gütersloher Verlagshaus, 2011

Die Autorin, der Liedermacher, der Illustrator

Sonja Janssen, Ergotherapeutin in eigener Praxis in Aurich seit 15 Jahren, betreut drei Integrationskindergärten ergotherapeutisch, leitet Gruppen zur Wahrnehmungsförderung und Prävention und sammelte mit eigenem Konzept Erfahrungen in einem Integrationssportverein und einer Schule. Unter ihrem Motto: „Manchmal fehlen nur die Ideen – Förderung mit Hand und Fuß" bietet sie eine Vielzahl von Fortbildungsveranstaltungen an mit einer ausgewogenen Mischung aus Theorie und Praxis. 2009 schrieb sie gemeinsam mit der Grundschullehrerin Julia Alberts das Buch *Sternenstaub und Lichterglanz* für den Ökotopia Verlag.

Rainer Wenzel, Heilerzieher mit Zusatzausbildung Spielpädagogik, macht seit 1986 Musik für Kinder. Seit 2004 ist er selbstständiger Kinderliedermacher und Referent für musikpädagogische Fortbildungen. Er hat über 20 Kindermusikproduktionen und sechs selbst produzierte Liederbücher für die Praxis mit Kindern veröffentlicht. Neben Auftragsarbeiten für Kinder- und Jugendtheater kooperiert er in verschiedenen Projekten, z. B. mit der Stadt Nürnberg, Bündnis für Familie, Kinderchören und Musikschulen. Seine Kontaktdaten: www.rainerwenzel.de
info@rainerwenzel.de

Mile Penava, geb. 1963 in Kroatien, lebt seit 1992 in Deutschland. Er studierte Anglistik und Germanistik in Sarajevo. Schon als Jugendlicher zeichnete er Comics und Karikaturen. Gegenwärtig zeichnet er Karikaturen und Illustrationen für verschiedene Verlage. Für den Ökotopia Verlag hat er bereits folgende Bücher illustriert: *Singzwerge & Krabbelmäuse* · *Naschkatzen und Suppenkasper* · *Hört mal, was da klingt* · *König Plus und Rabe Minus* · *Das Körper-Entdeckungsbuch* · *Das Wahrnehmungsspielebuch*

CD ... und dazu der Tonträger von Rainer Wenzel

Was weckt den König im Kind?

Pfiffige Lieder zum Wachsen, Fühlen und Starkwerden

Was weckt den König im Kind? Zum Beispiel eine bunte Mischung fröhlicher Kinderlieder zum Bewegen und Mitsingen, sich Spüren und Grooven!

Rainer Wenzel hat 16 Lieder zu unterschiedlichen Wahrnehmungsbereichen komponiert und getextet: Mit „Ich bin der König" werden Haltung und Kraftaufbau trainiert, die „Wilde Hilde aus Roskilde" stärkt das Gleichgewicht, mit „Kaakuuri, dem Zaubervogel" wird das Wahrnehmungsorgan Haut erforscht und die „Monsterputzparade" fördert die Rechts-links-Koordination.

Ruhige, langsame Lieder wechseln sich ab mit fetzigen Rhythmen, wobei Tempo und Atmosphäre die Kinder beim Singen und Bewegen optimal unterstützen. Als Folkmusiker setzt Rainer Wenzel vielfach auf Gitarren und diatonische Knopfharmonika und unterlegt manche Stücke mit Bass und Schlagzeug. Durch den Einsatz von Kinderstimmen im Chor oder als Sologesang erhalten viele Lieder einen besonderen Charme. Hervorragend geeignet als Begleit-CD zum gleichnamigen Buch oder separat fürs Kinderzimmer und die Bewegungsstunde.

ISBN 978-3-86702-189-0

Kinder begeistern ...

mit Liedern, Tänzen und Geschichten aus dem Ökotopia Verlag

Kinder einer Welt

Die schönsten Kinderlieder aus aller Welt

Eine musikalische Weltreise für Groß und Klein! Landestypische Instrumente, vielfältige Rhythmen und ungewohnte Melodien führen akustisch auf die Spuren anderer Kulturen und wecken auf spielerische Weise kindlichen Entdeckergeist.

ISBN (CD): 978-3-936286-91-5

Kinder kommen zur Ruhe

Die schönsten Melodien zum Entspannen, Einschlafen und Träumen

Entspannungsmusiken für Kinder stimmig zusammengestellt. Sie sind fast alle instrumental produziert, können also einfach zur Ruhe gehört werden. Eine Anleitung im Booklet gibt zusätzliche Anregungen.

ISBN (CD) 978-3-936286-92-2

Kinder kommen in Bewegung

Die schönsten Lieder zum Toben, Tanzen und Bewegen

Eine bunte Zusammenstellung der schönsten Bewegungslieder. Nicht nur in Kita und Grundschule, sondern auch im Kinderzimmer darf laut gesungen, wild getanzt, gehüpft und gesprungen werden!

ISBN (CD): 978-3-86702-009-1

Kinder kommen in Stimmung

Die schönsten Lieder zum Feiern, Bewegen und Ausgelassensein

Eine beschwingte Sammlung von Partyknüllern: Lieder, die schnell mitgesungen werden, Lieder zu bestimmten Anlässen, Spiellieder oder Lieder zum Tanzen, sich Bewegen und Rappen und viele mehr.

ISBN (CD): 978-3-86702-024-4

Lieder für kleine Kinder

Die schönsten Lieder für die Kleinsten

Eine wunderschöne Zusammenstellung für jeden Anlass. Einfache Texte und kindgerechte Arrangements motivieren die Kleinsten zum Mitmachen und Bewegen.

ISBN (CD) 978-3-86702-091-6

Adventszeit im Stuhlkreis

Die schönsten Kinderlieder zur Weihnachtszeit

Für die CD wurden die schönsten Adventslieder verschiedener Ökotopia-Produktionen ausgewählt.

ISBN (CD) 978-3-86702-162-3

Und dazu das Buch **Im Stuhlkreis die Adventszeit erleben**

ISBN (Buch) 978-3-86702-159-3

www.oekotopia-verlag.de

Ökotopia im Internet:
Alle Bücher und CDs finden Sie in unserem Online-Webshop

Exklusiv nur bei Ökotopia:
Lese- und Hörproben, kostenlose Liedertext-Datenbank, Schnäppchen, Veranstaltungstermine, Informationen zu den Ökotopia-AutorInnen …

Fordern Sie unseren kostenlosen Magalog an:

Ökotopia Verlag
Hafenweg 26a · D-48155 Münster
Tel.: (02 51) 48 19 80 · Fax: 4 81 98 29
E-Mail: info@oekotopia-verlag.de

Bleiben Sie mit uns in Verbindung

Andrea Erkert
Inseln der Entspannung
Kinder kommen zur Ruhe mit 77 phantasievollen Entspannungsspielen

ISBN 978-3-931902-18-6

Sybille Günther
Snoezelen - Traumstunden für Kinder
Praxishandbuch zur Entspannung und Entfaltung der Sinne mit Anregungen zur Raumgestaltung, Phantasiereisen, Spielen und Materialhinweisen

ISBN (Buch) 978-3-931902-94-0
ISBN (CD) 978-3-936286-07-6

Ursula Salbert
Ganzheitliche Entspannungstechniken für Kinder
Bewegungs- u. Ruheübungen, Geschichten u. Wahrnehmungsspiele Yoga, Autog. Training u. d. Progr. Muskelentspannung

ISBN 978-3-936286-90-8

Anette Raschdorf
Kindern Stille als Erlebnis bereiten
Sinnesübungen, Fantasiereisen und Entspannungsgeschichten für Kindergarten, Schule u. Familie

ISBN 978-3-931902-59-9

Volker Friebel
Kinder entdecken die Langsamkeit
Musikalisch-spielerische Förderung von Konzentration, Achtsamkeit und Wohlbefinden

ISBN (Buch inkl. CD) 978-3-86702-062-6

Ursula Salbert
Das Kinderyoga-Spielebuch
Mit Maus und Biene nach Indien: Spannende Abenteuergeschichten, fantasievolle Yoga-Übungen und 14 komplette Stundenbilder

ISBN 978-3-86702-174-6

Annegret Frank
Streicheln, Spüren, Selbstvertrauen
Massagen, Wahrnehmungs- und Interaktionsspiele und Atemübungen zur Förderung des Körperbewusstseins

ISBN (Buch) 978-3-936286-29-8
ISBN (CD) 978-3-936286-30-4

Sybille Günther
Willkommen im Kinder-Märchenland!
Märchen werden lebendig durch Erzählen, Hören, Spielen und Gestalten

ISBN (Buch) 978-3-86702-025-1
ISBN (CD) 978-3-86702-026-8

Christel Langlotz, Bela Bingel
Kinder lieben Rituale
Kinder im Alltag mit Ritualen unterstützen und begleiten

ISBN 978-3-86702-042-8

Margarita Klein
Schmetterling und Katzenpfoten
Sanfte Massagen für Babys und Kinder

ISBN 978-3-931902-38-4

V. Friebel, M. Kunz
Meditative Tänze mit Kindern
In ruhigen und bewegten Kreistänzen durch den Wandel der Jahreszeiten

ISBN (Buch inkl. CD) 978-3-931902-52-0

Andrea Erkert
Kinderleichte Ruheerlebnisse
Mit Ruhespielen, Fantasiereisen, Mandalas und Streichelmassagen entspannen und innere Stille finden

ISBN (Buch) 978-3-86702-082-4
ISBN (CD) 978-3-86702-083-1